信息时代汉字规范的新发展
——《通用规范汉字表》文献资料集

教育部语言文字信息管理司　组编

2015年·北京

图书在版编目(CIP)数据

信息时代汉字规范的新发展:《通用规范汉字表》文献资料集/教育部语言文字信息管理司组编.—北京:商务印书馆,2015
ISBN 978–7–100–10999–4

Ⅰ.①信… Ⅱ.①教… Ⅲ.①汉字—正字表—资料—汇编 Ⅳ.①H124.1

中国版本图书馆 CIP 数据核字(2015)第 007201 号

所有权利保留。
未经许可,不得以任何方式使用。

XÌNXĪ SHÍDÀI HÀNZÌ GUĪFÀN DE XĪNFĀZHǍN
信息时代汉字规范的新发展
——《通用规范汉字表》文献资料集
教育部语言文字信息管理司　组编

商 务 印 书 馆 出 版
(北京王府井大街36号 邮政编码 100710)
商 务 印 书 馆 发 行
北 京 冠 中 印 刷 厂 印 刷
ISBN 978–7–100–10999–4

2015年3月第1版	开本 880×1230	1/32
2015年3月北京第1次印刷	印张 7	
定价:39.90元		

目 录

第一部分 政策文件

国务院关于公布《通用规范汉字表》的通知 ……………………… 3
教育部等十二部门关于贯彻实施《通用规范汉字表》的通知 ……… 4
教育部办公厅关于成立《规范汉字表》研制领导小组的通知 ……… 8
关于《通用规范汉字表》公开征求意见的公告 …………………… 11
《通用规范汉字表》公开征求意见工作结束 ……………………… 12

第二部分 领导讲话、署名文章

在《规范汉字表》研制领导小组成立会上的讲话 ………… 袁贵仁 17
在《通用规范汉字表》公开征求意见工作领导小组
　成立会上的讲话 …………………………………………… 郝　平 20
在《通用规范汉字表》公开征求意见工作部署会议上的讲话 … 郝　平 24
加快推进语言文字的规范化标准化建设——在语言
　文字规范化标准化研修班上的总结讲话 ………………… 李卫红 32
贯彻实施《通用规范汉字表》 提升语言文字应用
　规范化标准化水平（《光明日报》）……………………… 李卫红 42

第三部分 新闻报道

（一）新闻发布会
《通用规范汉字表》有关情况介绍 …………………… 张浩明 49

材料一：国务院公布《通用规范汉字表》……………………… 53
材料二：《通用规范汉字表》答记者问 ……………………… 56

（二）相关报道摘编

人民日报：信息时代更需要汉字规范 ………………………… 64
新华社：中国公布历时10年研制的《通用规范汉字表》…… 66
北京日报：《通用规范汉字表》昨日出炉 …………………… 68
人民日报：汉字规范接了地气 ………………………………… 71
新华网：新闻背景：汉字规范路径图 ………………………… 73
中央电视台：《通用规范汉字表》今天正式发布
　　网络怪字没有纳入其中 ………………………………… 75
中国教育电视台：《通用规范汉字表》公布 ………………… 77
中国教育电视台：网络用字急需规范　专家呼吁使用规范汉字 … 79
人民日报：《通用规范汉字表》收字8105个　汉字有了哪些新规矩 … 80
光明日报：《通用规范汉字表》定义"规范汉字" …………… 83
中国教育报：国务院公布《通用规范汉字表》……………… 86
中国教育报：汉字，你用对了吗？…………………………… 89
新华社：《通用规范汉字表》配套字典及解读出版 ………… 93
中国新闻社：《通用规范汉字表》能否"规范"起名？……… 94
中国教育报：《通用规范汉字表》发布　相关出版物跟进推出 … 95

第四部分　学者文章

汉字规范的历史回顾 ………………………………… 曹先擢 99
谈信息时代的汉字规范——《通用规范汉字表》的
　　制定与应用 ……………………………………… 王　宁 102
《通用规范汉字表》与辞书编纂 …………………… 江蓝生 111

《通用规范汉字表》对基础教育的重要作用 …………… 巢宗祺 115
汉字规范有利于少数民族发展 ……………………… 戴庆厦 119
《通用规范汉字表》对汉语国际传播的重要作用 ……… 陆俭明 122
汉字与中华文化的继承和传播 ………………………… 董　琨 126
近百年来汉字的简化与规范 …………………………… 苏培成 130
《通用规范汉字表》对以往汉字规范的继承与发展 …… 张书岩 135
汉字规范的科学化 ……………………………………… 张万彬 139
《通用规范汉字表》的基本内容和特点 ……………… 王立军 143
汉字规范的集大成与新起点——写在《通用规范汉字表》
　　发布之际 …………………………………………… 费锦昌 149
古今汉字的演变 ………………………… 陈双新　李　娜 152
谈汉字简化的优化原则 ………………………………… 王立军 157
利国便民的重要语文工程——学习《通用规范汉字表》
　　四人谈 …………… 费锦昌　高家莺　范可育　颜逸明 162
如何理解现代汉字的表意性 …………………………… 王　敏 177
谈信息时代的汉字规范 ………………………………… 王晓明 181
乐见《通用规范汉字表》与汉字国际化的相互促进 …… 张轴材 185

第五部分　大事记

《通用规范汉字表》大事记 …………………………………… 191

第一部分 政策文件

国务院关于公布《通用规范汉字表》的通知

国发〔2013〕23号

各省、自治区、直辖市人民政府,国务院各部委、各直属机构:

国务院同意教育部、国家语言文字工作委员会组织制定的《通用规范汉字表》,现予公布。

《通用规范汉字表》是贯彻《中华人民共和国国家通用语言文字法》,适应新形势下社会各领域汉字应用需要的重要汉字规范。制定和实施《通用规范汉字表》,对提升国家通用语言文字的规范化、标准化、信息化水平,促进国家经济社会和文化教育事业发展具有重要意义。《通用规范汉字表》公布后,社会一般应用领域的汉字使用应以《通用规范汉字表》为准,原有相关字表停止使用。

国务院

2013年6月5日

教育部等十二部门关于贯彻实施《通用规范汉字表》的通知

教语信〔2013〕2号

各省、自治区、直辖市教育厅（教委）、工业和信息化主管部门、民（语）委、公安厅（局）、民政厅（局）、文化厅（局）、工商行政管理局、质量技术监督局、广播影视局、新闻出版局、语委：

《通用规范汉字表》已于2013年8月19日由国务院公布。《通用规范汉字表》是贯彻《中华人民共和国国家通用语言文字法》，适应信息时代社会各领域汉字应用需要的重要汉字规范。为做好《通用规范汉字表》的贯彻实施，现将有关事项通知如下：

一、深刻认识和领会发布实施《通用规范汉字表》的重要意义。我国是一个多民族、多语言、多文种、多方言的人口大国。推广和规范使用国家通用语言文字，是增进民族间、地区间交流，促进政治、经济、教育、文化、信息化等各项事业发展的必要条件。规范汉字是国家通用文字，汉字规范化是推广和规范使用国家通用语言文字的重要前提，更是教育文化事业和信息化建设的基础性工作。

《通用规范汉字表》是继1986年国务院批准重新发布《简化字总表》后的又一重大汉字规范，是对50多年来汉字规范整合优化后的最新成果，是新中国成立以来汉字规范的总结、继承和提升，也是信息化时代汉字规范的新起点和新发展。《国家通用语言文字法》规定：

"国家推广普通话，推行规范汉字。"《通用规范汉字表》是与该法实施相配套的汉字规范。《通用规范汉字表》的公布和实施，为社会各领域提供了科学适用的汉字规范，对提升国家通用语言文字的规范化、标准化水平，促进国家经济社会和文化教育事业发展具有重要意义。

二、认真组织开展宣传培训工作。文化教育、信息产业、新闻出版、广播影视、公共服务行业等是语言文字规范化、标准化的重点领域。全国语言文字工作系统和各相关行业系统应充分认识《通用规范汉字表》的重要意义，提高语言文字规范意识，积极利用媒体特别是新媒体加强宣传，并组织多渠道、多层次、多形式的培训工作，保证字表积极、稳妥、有序地贯彻实施。教育部、国家语委将于2013年年底前组织全国性的《通用规范汉字表》专题培训班，并视需要协调字表研制课题组的有关专家协助、指导各地开展培训。

三、大力推动《通用规范汉字表》在相关领域的贯彻实施。《通用规范汉字表》公布后，社会一般应用领域的汉字使用应以《通用规范汉字表》为准，原有相关字表停止使用。各相关主管部门可根据本领域的实际情况，制定配套规则，积极稳妥、逐步有序地推行使用。

（一）**基础教育领域**。《通用规范汉字表》一级字表列出3500个常用汉字，《义务教育语文课程标准（2011）》附录4"识字、写字教学基本字表"，是根据《通用规范汉字表》的一级字表制定的。各地应组织教师、教研员学习掌握《通用规范汉字表》内容，并在基础教育领域各门课程中贯彻执行。

（二）**信息产业领域**。汉字信息处理标准应尽快根据《通用规范汉字表》进行修订，汉字信息处理产品应执行修订后的标准，可以有一定的过渡期。

（三）**新闻出版等领域**。《通用规范汉字表》公布后，汉语文出版物、广播、电影、电视、公共场所设施、招牌、广告以及互联网等用字，均应执行《通用规范汉字表》。

（四）**语文辞书编纂领域**。《通用规范汉字表》是现代汉语规范性语文辞书编纂的重要依据。《通用规范汉字表》公布后，出版或修订、再版的相关语文辞书应依照《通用规范汉字表》，根据其服务领域和使用对象不同，部分或全部收录《通用规范汉字表》中的字，也可以适当多收一些备查的字。收入《通用规范汉字表》以外的字一般应采用历史通行的字形，不应自造未曾使用过的新的简化字。

（五）**科学技术领域**。相关部门在科学普及领域要引导使用通用规范汉字，编写出版专业辞书、专业教材、科技专著，可以使用《通用规范汉字表》以外的字，但一般应采用历史通行字形，避免自造新字。

（六）**户籍和民政管理领域**。根据《中华人民共和国户口登记条例》《中华人民共和国居民身份证法》等规定，公民在申报户口登记、申领居民身份证时，姓名登记项目应当使用规范汉字填写。《通用规范汉字表》公布后，新命名、更名的人名用字应使用《通用规范汉字表》中的字。地名用字方面应引导使用通用规范汉字。姓氏和地名用字中如需补充进字表的，由各地语委、民语委负责收集这些字的字形、读音、来源、用途等详细属性信息，定期报至国家语委，以便《通用规范汉字表》修订时适当补入。

其他领域应采取有效措施，积极贯彻施行《通用规范汉字表》。

各级语委要积极协助相关部门,做好施行《通用规范汉字表》的宣传、咨询、服务工作。

教育部　工业和信息化部　国家民族事务委员会

公安部　民政部　文化部

国家工商行政管理总局　国家质量监督检验检疫总局

国家新闻出版广电总局　国家语言文字工作委员会

中国科学院　中国社会科学院

2013年10月9日

教育部办公厅关于成立《规范汉字表》研制领导小组的通知

教语信厅〔2003〕1号

有关部门、单位：

　　为了全面贯彻落实《中华人民共和国国家通用语言文字法》"推行规范汉字"的规定，促进国家通用语言文字的规范化、标准化，加速国家的信息化和现代化进程，满足社会交际、教学、新闻出版、中文信息处理和网络发展等的需求，我部于2001年启动了《规范汉字表》研制项目。经请示国务院法制办同意，该字表将由国务院审批发布。

　　《规范汉字表》涉及范围广，研制难度大，需要社会各领域联合攻关。为使研制工作具有权威性和广泛代表性，确保研制工作规范、高效、有序地进行，经商有关部门（单位），决定联合成立了《规范汉字表》研制领导小组（成员名单附后）。领导小组的职责是：负责对字表研制的方向性和政策性问题进行把关，并充分调动和协调相关部门（单位）的力量支持字表研制工作。领导小组办公室设在教育部语言文字信息管理司。

　　联系人及电话：王翠叶　66097215
　　附件：《规范汉字表》研制领导小组成员名单

教育部办公厅
2003年12月15日

附件：

《规范汉字表》研制领导小组成员名单

组长：袁贵仁（教育部副部长）

副组长：李宇明（教育部语言文字信息管理司司长）

成员（按音序排列）：

安清萍（国家民族事务委员会文宣司助理巡视员、语文室主任）

鲍遂献（公安部治安管理局副局长）

陈宗荣（国家宗教事务管理局办公室副主任）

董　琨（中国社会科学院语言研究所副所长）

贺兴东（国家中医药管理局科技司司长）

李宝中（新闻出版总署图书出版管理司副司长）

潘书祥（全国科技名词审定委员会副主任）

彭震中（国家测绘局国土测绘司副司长）

钱晋群（信息产业部办公厅副主任）

宿忠民（国家标准化管理委员会主任助理）

孙霄兵（教育部政策研究与法制建设司副司长）

王丹彦（广播电影电视总局总编室副主任）

王铁琨（教育部语言文字信息管理司副司长）

吴开英（文化部教育科技司副司长）

薛贵江（总参谋部测绘局副师职处长）

张炳善（民政部区划地名司副司长）

张世平（教育部语言文字应用管理司副司长）

办公室主任:李宇明(兼)
办公室副主任:王铁琨(兼)

关于《通用规范汉字表》公开征求意见的公告

为了全面贯彻《中华人民共和国国家通用语言文字法》，促进国家通用语言文字的规范化、标准化，适应信息时代语言生活和社会发展的需要，教育部、国家语言文字工作委员会历时8年组织研制了《通用规范汉字表》。

《通用规范汉字表》是《国家通用语言文字法》的配套规范，是国家文字政策的体现，关系到国家文化、教育、科技的发展及信息化建设，关系到大众的日常生活。为确保字表的科学性和可行性，经国务院批准，决定自2009年8月12日起至2009年8月31日面向社会公开征求意见。

《通用规范汉字表（征求意见稿）》及有关材料登载在《中国教育报》（2009年8月13日）和中国语言文字网（网址：http://www.china-language.gov.cn）。

欢迎各界人士通过电子邮件、信函和传真等方式提出意见和建议。电子邮箱：gfhzb@moe.edu.cn；通讯地址：北京市东城区朝阳门内南小街51号《通用规范汉字表》意见收集组，邮政编码：100010；传真：010-65286219。

特此公告。

教育部　国家语言文字工作委员会

2009年8月12日

《通用规范汉字表》公开征求意见工作结束

为了全面贯彻《中华人民共和国国家通用语言文字法》，适应信息时代语言生活和社会发展的需要，教育部、国家语言文字工作委员会组织研制了《通用规范汉字表》。为确保字表的科学性和可行性，《通用规范汉字表》自2009年8月12日起面向社会公开征求意见，至8月31日结束。

教育部、国家语言文字工作委员会对字表公开征求意见工作高度重视，成立了专门的领导机构和工作机构。8月12日召开新闻发布会，发布公告，正式集中向社会公开征求意见。同时召开工作会，部署各级语言文字工作机构、语委委员单位和相关部门开展公开征求意见工作。公开征求意见期间，《通用规范汉字表》公开征求意见工作领导小组组织专门力量收集社会各界通过电子邮件、传真和信函发来的意见和建议；及时关注和收集报纸、广播、电视、网络等各类媒体反映的意见和建议。各级语言文字工作部门也通过召开座谈会、向专家学者及应用领域代表发函等多种方式广泛征求意见。

字表公开征求意见工作得到了社会各界的高度关注和积极响应。从专家学者到普通民众，从中小学教师到在校学生，从现役军人到离退休干部，各界人士踊跃参与，积极建言献策。学界专家主动召开会议，提出意见和建议。新加坡、日本、加拿大、墨西哥等一些海外人士也提出了建设性的意见和建议。公开征求意见期间，共收到社会各界人士发来的电子邮件2688件、信函157件、传真67件，总计2912

件。许多人士还通过报纸、广播、电视、网络等媒体提出了大量宝贵的意见和建议。从公开征求意见情况看，社会各界一是对字表公开征求意见的方式予以充分肯定，认为这是党和政府坚持"问计于民、问道于贤、政务公开、倾听民意"的生动体现。二是肯定字表的意义和作用，认为字表是落实《国家通用语言文字法》，满足信息时代社会发展和汉字应用需要的重要规范，字表的研制和发布有利于汉字的规范与发展。三是从立足国家文化建设和信息化发展，着眼国家语言文字的规范化和标准化，结合工作和生活需要等不同角度，提出了许多针对性强、富有建设性的意见和建议。

社会意见和建议主要集中在字形、补充用字和异体字三个方面的问题。

关于字形问题，44个汉字字形微调引起社会广泛关注。大多数意见认为字形微调会改变长期以来形成的使用习惯，将给大众用字造成麻烦，担心影响学生学习、考试和增加社会成本，认为不宜轻易改动。

关于补充用字，要求补充用字的意见和建议占有很大比例，要求补充的字主要是姓氏、人名、地名、科技语等方面的用字，大都是在语料库和许多渠道中难以收集到的社会用字。比如：阁（外"门"内"合"）、恖（上"宀"下"思"）、毕（上"比"下"干"）等字。

关于异体字问题，多数意见赞成字表恢复51个异体字，认为符合社会用字实际需要，比如"喆""淼""仝"等字。

此外，不少人士还对繁简、字量和字级、字表体例等问题提出了意见和建议。

此次20天的集中公开征求意见工作时间虽然不长，但对今后字表的增补取舍、修改完善将起到重要作用。为此，我们向长期以来关心字表工作的社会各界人士，向征求意见期间提出宝贵意见和建议的各方人士,表示衷心的感谢!公开征求意见结束后,我们还将采取多种形式,继续征询各有关方面的意见和建议。对社会各界的意见和建议,我们将秉持尊重和虚心的态度,仔细整理,认真研究,充分吸收,努力制定出一个充分体现民意、能够满足社会需要的字表。

《通用规范汉字表》公开征求意见工作领导小组

2009年9月2日

2. 領導講話、署名文章

在《规范汉字表》研制领导小组
成立会上的讲话

教育部副部长、国家语委主任　袁贵仁
2004 年 1 月 13 日

同志们：

　　上午好！由 15 个部委（单位）联合组成的《规范汉字表》研制领导小组已经成立了。我代表教育部向各位领导小组成员的到来表示热烈的欢迎，向各位成员及所在部门对国家语言文字工作的大力支持表示衷心的感谢。

　　建国以来，我国政府在汉字整理、简化以及汉字信息处理方面做了大量工作，国家语言文字工作部门在各有关部门的大力支持和配合下，陆续制定发布了一系列有关汉字的规范和标准，如《第一批异体字整理表》《汉字简化方案》《简化字总表》《现代汉语常用字表》《现代汉语通用字表》《信息交换用汉字编码字符集·基本集》等，对汉字应用的规范化、标准化和促进中文信息处理的发展起到了重要作用。但是随着国内外交流和信息技术的飞速发展，过去几十年中发布的各个字表已不能满足现实社会各领域应用的需要。特别是随着我国法制建设的不断完善，语言文字工作已步入法制化轨道，为贯彻落实《中华人民共和国国家通用语言文字法》"推行规范汉字"的规定，促进国家通用语言文字的规范化、标准化，满足社会交际、教学、新闻出版、计算机信息处理等领域的需求，迫切需要组织研制一个符合当代汉字应用实际的定量、定形、定音、定序的新字表——《规范汉字表》。近年来，社会各界对此不断呼吁，全国政协委员还就此问题提出过提案。为此，教育部（国家语委）于2001年4月启动了《规范汉字表》研制项目。2003年6月经请示国务院法制办同意，该字表作为贯彻《国家通用语言文字法》的一个重要依据，将由国务院审批发布。

《规范汉字表》涉及我国各行各业，对使用汉字的其他国家和地区也都会产生一定的影响，字表研制工作需综合考虑我国政治、经济、科技、文化发展的总趋势，需充分考虑现代社会各领域用字的实际需求。为此，我部函商与汉字应用密切相关的各部门和单位同意，联合成立《规范汉字表》研制领导小组，以统筹协调字表研制的有关工作，加强行政领导和业务把关，确保字表研制工作规范、高效、有序地进行。

在《规范汉字表》研制领导小组成立之际，我作为组长对小组工作提三点希望，与大家共勉：

一、字表研制工作有很强的学术性和政策性，希望各位领导小组成员从政策和方向上对字表研制工作把关。

二、字表是为社会各领域服务的，没有各领域的参与和支持，是不可能研制成功的。教育、新闻出版、人名、地名、科技术语、中医药等行业用字的收集整理是字表研制的难点。多年来，许多行业部门对我们语言文字工作都给予了积极的支持，有些部门很早就主动参与了字表的研制工作。希望各部门发扬友好合作的传统，继续对字表研制工作提供支持和帮助。

三、《规范汉字表》研制领导小组办公室设在教育部语言文字信息管理司，负责日常联系沟通工作。希望办公室成为领导小组成员的通讯员，虚心听取并及时汇报小组成员的意见和建议，也请各位成员与办公室保持经常联系，多提宝贵意见。

我相信，在《规范汉字表》研制领导小组的领导下，通过各有关部门（单位）的通力合作和课题组的不懈努力，《规范汉字表》研制工作一定会保质保量地顺利完成。

在《通用规范汉字表》公开征求意见工作领导小组成立会上的讲话

教育部副部长、国家语委主任　郝　平
2009 年 7 月 29 日

一、成立《通用规范汉字表》公开征求意见领导小组的缘起

（一）教育部、国家语委历时近 8 年，组织制定了《通用规范汉字表》。

（二）《通用规范汉字表》是《国家通用语言文字法》的配套规范，是体现国家语言政策的重大标准。字表关系国家文化、教育、科技发展及信息化建设，涉及面广，社会影响深远，学术性和政策性强。

（三）根据国务院指示，《通用规范汉字表》正式发布前，应向社会公开征求意见。部党组研究，为保证征求意见工作顺利进行，在公开征求意见之前，先组织内部听取意见。2009 年 7 月 14 日至 17 日连续召开四个座谈会，分别向社会文字应用领域、高校和学术团体、新闻媒体和文化艺术界、全国人大代表和全国政协委员征求了意见。与会代表充分肯定了字表研制发布的意义，认为字表已臻成熟，社会期盼已久，建议尽快公开征求意见，尽快发布实施。座谈会开得很成功，充分听取了各界意见，了解了社会对字表的需求和期望，心里有了底数；同时也宣传了国家语言文字的方针和政策，扩大了语言文字工作的影响。

（四）根据部领导批准的工作方案，8 月 11 日正式向社会公开征

求意见。为了做好公开征求意见工作，经国务院和部党组批准，成立领导小组，下设办公室，设在语信司。办公室下成立5个工作组，完成各种具体任务。今天的成立会，就是公开征求意见工作的开端。

二、《通用规范汉字表》研制的意义和作用

（一）是落实《国家通用语言文字法》的具体措施。《国家通用语言文字法》第三条规定："国家推广普通话，推行规范汉字。"这一法律的颁行，使规范汉字进入了法律层面。《通用规范汉字表》为社会通用领域的用字提供了明确的标准。

（二）是继上世纪发布《简化字总表》《现代汉语常用字表》《现代汉语通用字表》等字表之后进行的又一次集成性的文字规范工作，是新时期语言文字规范工作的重要成果。

（三）可以满足信息时代汉字应用和社会发展的需要，利国便民，促进国家通用语言文字的规范化。

1.《通用规范汉字表》能很好地满足信息时代社会各领域汉字应用的需要。语言信息处理带来了"人—机"交际新方式，语言文字规范成为工业标准，成为高新科技和信息经济发展的基础。当前计算机字库制作、辞书编纂、出版印刷等众多领域，因缺乏明确、系统的汉字标准，存在汉字应用和处理的不规范现象，影响了社会各领域事业的发展；姓氏人名、地名中的生僻字、不规范字，影响人们的日常生活，不便于户籍、邮政、金融、地理等信息系统的建设和政府的社会管理，迫切需要集大成的汉字标准。

2.《通用规范汉字表》有利于加强社会用字管理，提升全社会的语言文字规范意识，促进社会用字规范化。当前，我国的语文生活总体上是健康和谐的，但也存在不少问题，社会用字不规范的现象仍有存在。比如，霓虹灯用字的笔画残缺、不规范问题，外文的滥用问题等等。需要借助汉字标准加强管理。

3.《通用规范汉字表》可以为两岸文化交流提供良好的基础。在长沙的"第五届两岸经贸文化论坛"上达成的"共同建议",提出"支持两岸学者就术语和专有名词规范化、辞典编纂进行合作,推动异读词审音、电脑字库和词库、地名审音定字及繁、简字体转换软件等方面的合作"。这些合作事项的实质都是语言文字的规范工作,只有建立在各自规范基础上,交流才能顺畅。《通用规范汉字表》的出台可为两岸语言文字方面的沟通与合作奠定良好基础。

在信息化、多元化和全球化的今天,各种现实愈发地显示出:语言文字规范工作的意义已远超过其本身,它已深深地与教育、科技、文化、经济、民族团结、国家主权、国家统一、国家软实力等紧紧交融在一起。

三、《通用规范汉字表》公开征求意见的重要意义

(一)根据国务院政务公开、民主决策的要求,凡是涉及国计民生的重大事情,都需要通过公开征求意见,充分发扬民主,广泛了解民意和集中民智。

(二)公开征求意见,有利于进一步完善字表,保证字表的科学性和可行性,也有利于字表发布后的贯彻和实施。

(三)近年来语言文字政策备受社会关注,形成不少热点,也存在不少纷争,海内外"恢复繁体字,废除简化字"的各种言论不断见诸报端、网络,需要通过公开征求意见加强宣传工作。

四、公开征求意见工作的指导原则和任务

(一)《通用规范汉字表》涉及繁简字、异体字等文字政策方面的敏感问题。征求意见工作需要周密规划,稳妥进行,有效引导。

(二)公开征求意见工作的指导原则是:坚持科学精神,保持开放心态,加强宣传引导,坚持正确的舆论导向,保证征求意见工作取得成效。

（三）主要抓好如下几项工作：

1. 开好新闻发布会，开好教育和语委系统部署会；

2. 做好宣传报导工作，把握舆论方向；

3. 做好舆情监测分析和意见收集整理工作；

4. 字表涉及海峡两岸、香港、澳门及海外华人社区，涉及汉语的国际传播，故而也需要对港澳台和海外的舆论进行监测，适时给以引导。

五、公开征求意见工作的要求

（一）领导小组办公室要高度重视，认真做好总体设计和综合协调工作。规划要科学，措施要到位。

（二）有关成员单位要积极支持，协助做好相关工作：

1. 办公厅新闻办协助联系重要媒体刊登公告和字表，发表相关宣传文章，制作播出专题节目，并做好新闻发布会、语委系统部署会议的报道宣传。

2.《中国教育报》开设专栏，中国教育电视台做全程报道并制作专题节目。

3. 国际司协助通知驻外使领馆教育处（组），做好海外的意见收集整理和宣传工作。港澳台办协助做好港澳台地区的意见收集整理和宣传工作。

4. 思政司协助调动高校网络队伍，做好网络上的舆论宣传和正面引导工作。

5. 政策法规司、基础一司、基础二司、社科司在相关领域积极配合，帮助征求意见。

6. 语信司、语用司、语用所、语文出版社要同心协力，相互支持，共同做好字表的征求意见工作。

预祝征求意见工作顺利完成，取得预期成果！

在《通用规范汉字表》公开征求意见工作部署会议上的讲话

教育部副部长、国家语委主任　郝　平

2009年8月12日

同志们：

　　根据国务院关于民主决策、政务公开的有关规定，凡涉及重大公共利益和人民群众切身利益的重大事项，都要向社会公开征求意见。《通用规范汉字表》的发布实施是一件关系国计民生的大事，应向社会公开征求意见。经国务院同意，今天上午，教育部、国家语委就此事举行了新闻发布会，同时通过新华社、中新社、人民日报、光明日报等中央各大宣传媒体和教育系统的媒体发布公告，《通用规范汉字表》向社会公开征求意见。这是国家语言文字工作的一件大事，也是社会语言生活的一件大事。教育部、国家语委对此项工作高度重视，6月22日上午，周济同志主持召开教育部党组会议，传达了国务院领导同志关于向社会公开征求意见的重要指示精神，研究了《通用规范汉字表》公开征求意见各项工作，做了具体部署，提出了明确要求。

　　经教育部党组批准，今天我们召开这个会议，主要任务是：就《通用规范汉字表》向社会公开征求意见工作进行全面动员和部署。国家语委各成员单位、地方各级语委和教育行政部门，要认真落实国务院领导要求向社会公开征求意见的指示精神，根据教育部、国家语委的决策和统一部署，周密组织，紧密配合，广泛动员，广集众智，扎实稳妥地做好《通用规范汉字表》公开征求意见工作。

下面讲三点意见。

一、充分认识《通用规范汉字表》的重大意义

《通用规范汉字表》是体现国家文字政策的重大规范，是推动文化、教育、科技、经济和国家信息化事业发展的一项基础工程。它的研制和发布实施，将是新中国成立以来，又一次重大的汉字规范工作，是新时期语言文字规范化、标准化建设的重要成果，意义十分重大，影响广泛而深远。

（一）研制和发布《通用规范汉字表》，是贯彻落实《中华人民共和国国家通用语言文字法》的迫切需要和重要措施

2000年10月公布的《中华人民共和国国家通用语言文字法》规定："国家推广普通话，推行规范汉字。"什么是法律规定的"规范汉字"，应该说还没有一个比较明确的外延。为保证《国家通用语言文字法》的顺利施行，迫切需要向社会提供一个明确的"通用规范汉字"的范本，这是《国家通用语言文字法》赋予我们的一项重要任务。另外，我国半个世纪以来制定的一些汉字规范，因其指导思想、研制手段不同，制定时面对的社会用字状况不同，不可避免地出现一些说法不一、相互矛盾之处，这也需要我们根据当前用字的实际状况与需求，对已有的汉字规范进行整合优化，消除不同规范之间的矛盾，弥补因各种原因造成的疏漏与缺憾，研制和发布新的汉字规范。为此，教育部、国家语委于2001年4月启动了《通用规范汉字表》的研制工作。作为《国家通用语言文字法》配套的汉字规范，《通用规范汉字表》历经八年的研制，既是贯彻落实《国家通用语言文字法》的需要，也是贯彻落实这部法律的重要措施。

（二）研制和发布《通用规范汉字表》，是语言生活变化的内在要求，也是信息时代经济社会发展的迫切需求

新中国成立后，我国陆续发布了多项汉字规范，为规范社会用字发挥了积极作用，推动了教育、文化和科技事业的发展。改革开放以来，随着我国经济社会的快速发展，语言生活也发生了、并正在发生着巨大变化：信息技术的飞速发展和广泛应用，科技知识的普及和科教水平的提高，使越来越多的科技术语用字进入日常生活；信息传播技术更加先进，传播的载体更加丰富，尤其是网络、手机等新兴媒体蓬勃发展，为人们更加自由、开放地进行信息交流提供了平台，促进了语言生活的丰富和发展，带来了社会用字状况的变化。语言生活的巨大变化，已经使有的汉字规范不能够很好地适应社会应用的需求，制定一个新的汉字通用规范成为语言生活变化的内在要求。

同时，信息技术在社会各领域得到广泛应用：激光照排技术已经成为出版业、印刷业最主要的技术手段；户籍、邮政、金融、信贷等行业的信息贮存和检索，对汉字数字化和规范化提出了新的需求；姓氏人名、地名中的生僻字、非通用字，对多个行业的信息化建设和政府的公共管理和人们的日常生活提出了严峻挑战。语言文字的规范化、标准化和信息化建设，是国家信息化发展和科技创新的重要基础，信息时代社会各领域事业的发展，也迫切需要一个新的满足信息化发展需求的汉字通用规范。

另外，随着中国综合国力和国际影响力的不断提升，中国在国际政治、经济、文化等领域的地位和作用越来越重要，作为中华文化载体的汉语在世界上正在形成学习热潮。今年7月在湖南长沙举办的"第五届海峡两岸经贸文化论坛"上，两岸就合编《中华大辞典》达成一致。此外，成千上万的来华留学生也热心汉语和中国文化的学习。

《通用规范汉字表》有利于汉语的国际教育和推广，有利于海峡两岸合编大辞典工作的顺利开展，也有利于世界华人社区间的语言文化的交流沟通。

（三）《通用规范汉字表》体现了对国家语言文字工作的时代思考

《通用规范汉字表》不仅仅是现代记录汉语的通用字集，体现现代通用汉字的字量、字级和字形的规范，还体现了对现阶段国家语言文字工作若干重大问题的思考。第一，汉字简化问题。根据国务院1986年的指示精神"今后，对汉字的简化应持谨慎态度，使汉字的形体在一个时期内保持相对稳定"，《通用规范汉字表》根据《国家通用语言文字法》还规定"字表以外的字，仍可根据需要使用，但原则上不再类推简化，且宜采用历史通用字形"。这是保持汉字形体稳定的重要表述。第二，对待异体字采取"认同"的态度，不再提"淘汰、废除"，但在使用上有明确要求。同时为适应国人的社会习惯，恢复了51个人名地名异体字用字。第三，以利国便民为宗旨，采取开放的态度，表外字仍可以使用，姓氏用字没有收全的可以上报增补，字表可定期修订。第四，强调语言文字的规范化和标准化。当前，我国的语文生活中社会用字不规范的现象仍然存在，有些问题是相当严重的。比如，影视字幕和报刊书籍错字率高的问题，霓虹灯用字的笔画残缺和不规范问题，公共场所语言文字使用混乱问题，等等。这些都需要通过贯彻落实《国家通用语言文字法》进一步加强管理，提升全社会的语言文字规范意识，促进社会用字规范化。《通用规范汉字表》是贯彻落实《国家通用语言文字法》的具体体现，它的本质属性是规范性，首要的是规范计算机字库和辞书。这是语言文字规范工作的重点领域。

二、高度重视《通用规范汉字表》公开征求意见工作

语言文字规范在发布前向社会公开征求意见，是新中国语言文字工作的传统。当年的《汉字简化方案》《汉语拼音方案》等，都曾广泛征求社会意见。《通用规范汉字表》的政策性和学术性都很强，关系社会生活的方方面面，也涉及我国使用繁体字的地区和海外华人社区。公开征求意见工作将引起海内外各界的广泛关注，任务光荣而又艰巨，我们要有充分的思想准备，给予高度重视。

（一）《通用规范汉字表》公开征求意见工作，既是落实科学民主决策精神的要求，也是推动科学民主决策的生动实践

《通用规范汉字表》的发布实施是一件关系国计民生的大事，涉及面广，影响深远。根据国务院关于民主决策、政务公开的有关规定，凡涉及重大公共利益和人民群众切身利益的重大事项，要向社会公开征求意见。教育部、国家语委经过认真研究，认为《通用规范汉字表》在发布前向社会公开征求意见是有必要的，是认真贯彻落实科学民主决策精神的具体体现。向社会公开征求意见的过程，就是一个发扬民主、集思广益、扩大共识的过程，有利于根据征求的意见和建议进一步完善字表，有利于政府决策的科学性，更有利于字表正式发布后的贯彻实施。向社会公开征求意见工作，本身也是一次推动科学民主决策、落实科学发展观的生动实践，要充分展现我们严谨细致、精益求精的工作态度，体现政府问计于民、服务于民的基本宗旨，推进政府依法行政、民主决策的科学实践，不断提高我们科学执政的能力和水平。

（二）《通用规范汉字表》公开征求意见，既是一次规模空前的学术讨论，也是促进国家语言文字事业科学发展的重要机遇

汉字是世界上最古老、使用人数最多的文字之一。它见证和记载了中华民族几千年的历史。从秦始皇统一文字，到新中国汉字的简化和整理，都深刻地影响着社会发展的进程。在社会高度关注人权民生、信息交换畅通快捷的今天，就汉字这一历史悠久、使用广泛的文字的又一次重大规范向社会公开征求意见，可能引发一场颇具规模的学术讨论。从社会科学领域到自然科学领域，从著名专家到普通民众，人们会积极表达自己的意见和建议，这其中既会有针对《通用规范汉字表》研制思想和技术的讨论，也会有针对国家语言文字政策与事业改革发展的讨论。对所有的讨论，我们都持欢迎的态度，同时做好宣传引导和舆情监测分析，适时进行说明和解释。要分阶段及时收集整理各方面的意见和建议，涉及《通用规范汉字表》本身的意见和建议，要组织专家进行科学分析，合理的成分尽量吸收用于完善字表；涉及国家语言文字政策与事业改革发展的意见和建议，要组织力量进行分析和研究，与制订《国家语言文字工作中长期改革和发展规划纲要》结合起来。

（三）《通用规范汉字表》公开征求意见的过程，既是广泛宣传国家语言文字方针、政策、法律法规的有利时机，也是增进社会各界对语言文字工作理解和支持的重要契机

近年来，针对语言文字工作的热点讨论不断，语言文字政策备受社会关注。这一方面说明，语言文字工作不是单纯的学术研究和推广应用的工作，而是涉及亿万人民群众切身利益的复杂的社会工作，应该提高到关乎民族生计、关系国家命脉的战略高度深刻认识；另一方面也说明，对语言文字工作的方针、政策、法律法规的宣传力度不够，语言文字工作体制、机制、规划、部署都显得薄弱。为此，要抓住《通用规范汉字表》公开征求意见这一历史机遇，广泛宣传和阐释国家的语言文字工作的方针、政策和法律法规，使公开征求意见的过程，成为学法释法、加深理解、正本清源、消除误解的过程，成为提高全民语言文字规范意识、推动贯彻落实《国家通用语言文字法》的过程。

要充分利用公开征求意见提供的重要契机,深入宣传语言文字和语言文字工作在国家统一、民族团结、文化繁荣和社会进步中的重要地位和作用,积极宣传新中国成立60年来国家语言文字工作的重大成就和贡献,进一步增进政府和社会对语言文字工作的理解、重视和支持,为构建有利于语言文字工作科学发展的体制机制奠定良好的基础。

三、扎实做好《通用规范汉字表》公开征求意见工作

《通用规范汉字表》公开征求意见工作涉及面广、社会关注度高、时间紧。对这一工作的艰巨性和复杂性,我们要有充分的估计。要扎实准备,科学规划,统筹兼顾,有效引导,稳妥进行,确保取得实效。对此我提两点要求。

(一)高度重视,周密组织,把公开征求意见工作作为当前一项重大任务,集中精力抓紧、抓实、抓好

根据国务院和教育部党组批准的方案,教育部、国家语委成立了领导小组,负责公开征求意见工作的组织实施。领导小组办公室要认真做好总体规划和总体协调工作,规划要科学,措施要到位,组织要严谨,协调要及时,要把这项工作作为当前最重要的任务,全力以赴、聚精会神地抓紧、抓实、抓好,保证公开征求意见工作有序开展、按期完成。

各省(自治区、直辖市)语委和教育行政部门要高度重视,及时成立由本级语委主要负责同志领导的工作机构,按照教育部、国家语委的统一部署,扎实做好本地区的公开征求意见工作,认真收集、及时反馈公开征求意见工作的动态和信息。国家语委各成员单位要与教育部、国家语委公开征求意见工作领导小组密切配合、加强沟通,及时收集和整理各自领域的意见和建议。

(二)坚持科学精神，加强宣传引导，坚持正确舆论导向，保证公开征求意见工作取得实效

在公开征求意见过程中，要坚持学术民主，秉承科学精神，保证渠道畅通。要积极引导广大干部群众，通过正常渠道客观、认真地发表意见和建议。要组织专业队伍认真收集和整理各方面的意见和建议，充分问计于民，如实反映社会各界和广大群众的需求，保证公开征求意见工作取得实效，为进一步完善字表打下坚实基础。

在公开征求意见过程中，要主动与新闻媒体进行联络沟通，强调公开征求意见工作的严肃性、广泛性和建设性，坚持正确舆论导向，为公开征求意见工作营造良好舆论环境。要加强宣传引导，切实组织和发挥好舆情监测队伍、网上评论员队伍、专家引导队伍的作用，密切关注和研判舆情变化，针对热点问题做好充分准备，对群众提出的问题或疑惑要耐心解释、说明。要做好快速反应、有效应对突发情况的预案，确保公开征求意见工作正常有序进行。

同志们，当前，语言文字工作正面临着前所未有的机遇和挑战，我们要以《通用规范汉字表》向社会公开征求意见为契机，全面了解社会、民众对语言文字工作的需求和期盼，认真推动国家语言文字方针、政策、法律法规的学习宣传与贯彻落实，积极争取各级政府、社会对语言文字工作的重视和支持，大力促进社会语言生活的和谐发展，为构建社会主义和谐社会、促进经济发展、文化繁荣和社会进步做出新的贡献！

最后，向参与字表研制的专家们致以崇高的敬意！对多年来一直支持《通用规范汉字表》研制工作的相关部委、科研机构、学术团体、高等院校、专家学者及社会各应用领域的人士表示真挚的感谢！借此机会我代表国家语委向各省市语委工作者多年来为语言文字工作所付出的辛勤劳动和所做出的贡献表示感谢！

加快推进语言文字的规范化标准化建设
——在语言文字规范化标准化研修班上的总结讲话

教育部副部长、国家语委主任 李卫红

2011年3月4日

各位专家、同志们：

本着对语言文字工作高度负责、治学严谨的精神，在《规范汉字表》经国务院通过之前举办研修班，这是我倡议的。《规范汉字表》工作历时九年，既要坚持学术上的真理性，又要考虑到维护社会稳定，相当不易。这项工作不是单靠经验就可以完成的，我们确实需要帮助，所以我用了一个词——急用先学。两天来，大家提出了很多值得注意的问题，也想了很多办法，考虑得都很审慎、周密。感谢各位专家、学者九年来为制定《规范汉字表》所付出的艰辛和努力，感谢这么多专家学者共同帮助我们熟悉和掌握情况。

下面，我想从大的方面，就加快推进语言文字的规范化标准化建设讲一点意见：

一、深入贯彻落实刘延东国务委员重要讲话精神，加快推进语言文字的规范化、标准化建设

刘延东国务委员的重要讲话，是在科学发展观指导下，对党和国家语言文字方针政策的丰富、创新和发展。讲话全面阐释了语言文字工作在党和国家事业发展全局中的战略地位和基础性作用,深刻分析了面临的新形势新任务,对今后的语言文字工作提出了明确要求,具有鲜明的时代特色和很强的针对性,是当前和今后一个时期语言文字工作的指导方针。

刘延东国务委员在讲话中指出:"语言文字的规范化、标准化和相应的应用研究水平,是提高中文信息处理技术的前提条件。围绕中文信息处理的汉语汉字问题,开展基础研究,制定规范标准,加强基础工程建设,以及加强网络语言等新的语言现象监测研究,引导社会规范使用,其重要性和紧迫性也日益凸现。"对加强语言文字的规范化、标准化建设提出了明确要求,她在讲话中强调,"要进一步完善与《国家通用语言文字法》实施相配套的语言文字规范标准体系","要做好语言文字规范标准的推广应用与社会宣传、服务和监管","要管理、制定好语言文字规范标准,满足现代语言生活需要,牢牢掌握中国语言文字标准的主导权"。袁贵仁部长在座谈会上的讲话中指出,要"推动语言文字的规范化、标准化","完善语言文字的规范和标准"。我们要认真贯彻落实刘延东国务委员的重要讲话精神和教育部党组的部署要求,把加快推进语言文字的规范化、标准化建设,摆在语言文字事业发展更加突出重要的位置,切实抓紧、抓好、抓出成效。

第一,这是贯彻实施《国家通用语言文字法》的迫切需要。《国家通用语言文字法》第一条规定:"为推动国家通用语言文字的规范化、标准化及其健康发展,使国家通用语言文字在社会生活中更好地发挥作用,促进各民族、各地区经济文化交流,根据宪法,制定本法。"明确了立法的根本目的,就是推动语言文字的规范化、标准化,在我国历史上第一次将语言文字的规范化、标准化纳入法制轨道,有力推动了语言文字的规范化、标准化建设。《国家通用语言文字法》颁布

10年来，国家通用语言文字的规范标准体系初步形成，语言文字规范标准的推广应用取得显著成效，对于促进各民族、各地区之间的交流交往，促进经济社会发展和社会和谐稳定，发挥了不可替代的重要作用。但是，我们也应当清醒地看到，语言文字的规范化、标准化建设，与法律的要求还有一定距离，如与"规范汉字"这一法律概念对应配套的汉字规范尚未完备。加快推进语言文字法治建设，把《国家通用语言文字法》贯彻实施工作努力引向深入，迫切要求加快推进语言文字的规范化、标准化建设，这是法律赋予我们的职责。

第二，这是语言文字工作围绕中心、服务大局的迫切需要。新中国成立以来，在党中央、国务院的重视和支持下，我国陆续发布了一百多项语言文字规范标准，对于提高国民素质，促进教育发展，弘扬中华文化，提升国家信息化水平；对于促进经济发展和社会进步，维护民族团结和国家统一，增强国家软实力和民族凝聚力，都产生了积极的推动作用。目前，我国全面建设小康社会进入关键时期，深化改革开放、加快转变经济发展方式进入攻坚阶段，教育、科技、文化事业和人才发展正在实现历史性的跨越，语言文字工作必须站在党和国家事业发展全局的高度，围绕中心、服务大局，在落实中央重大决策部署、实现社会主义现代化中发挥独特优势和作用。加快推进语言文字的规范化、标准化建设，对于全面落实国家中长期教育、科技、人才规划纲要，推动我国工业化、信息化、城镇化、市场化、国际化深入发展，促进中国特色社会主义文化大发展大繁荣；对于加快提升我国的信息化水平和国际竞争力，提升中国语言文字在国际空间和虚拟空间的影响力，都发挥着重要的基础性作用和支撑作用。这也迫切要求我们与时俱进、开拓创新，加快推进语言文字的规范化、标准化建设，提高语言文字工作服务党和国家事业发展全局的能力和水平。

第三，这是切实推动语言文字事业科学发展的迫切需要。语言文字的规范化、标准化建设，对于大力推广和普及国家通用语言文字，提升推广和普及的效率和效果，对于规范基础教育用语用字，提升国民语言文字应用能力，以及建立健全覆盖听说读写的科学评价体系，都起到至为重要的基础性作用。加快推进语言文字的规范化、标准化建设，有利于满足社会各领域和广大群众的需求，有利于加强规范管理和提升语言服务水平，有利于维护社会语言生活的和谐、健康，有利于提升虚拟空间语言文字使用的管理能力，推动语言文字事业科学发展。语言文字规范化、标准化建设，要以科学的语言文字规范观为指导，健全语言文字标准化机构，加强语言文字标准的统筹管理，进一步完善语言文字标准体系，加强语言文字基础标准、应用能力标准和测查认证标准建设。重点制定教育、信息处理、新闻出版、辞书编纂、广播影视和公共服务领域急需的标准，及时开展标准的复审、修订等工作。

第四，这是促进语言文字科学研究和学科建设的重要推动力。语言文字规范化、标准化建设，需要扎实的科学研究和专业队伍作为保障。语言文字规范标准从研究制定、推广应用，到社会宣传、服务和监管，涉及语言文字科学研究的方方面面，主要包括：研究制定规范标准，是语言文字科学研究的重要内容；已经颁布施行的规范标准，是语言文字科学研究的重要依据；规范标准的推广应用、宣传普及和服务、监管，涉及语言规划和语言战略研究、语言教育和语言能力研究、语言生活的调查研究等等，在技术手段层面也越来越多地依靠并推动了语言文字的信息化建设和资源建设。加强语言文字的规范化、标准化建设，是语言文字科学研究和学科建设的重要引擎，能够引领、辐射、整合、带动语言文字科学研究、人才培养和学科建设的发展,全面提升科学研究和学科建设的水准。

二、充分认识《规范汉字表》的重大意义,扎实做好字表审批、发布和实施各项工作

汉字是中华民族智慧和文明的结晶,是中华文化的重要载体和鲜明标志。制定和推行汉字规范标准,是汉字固本强体、增强生命力和竞争力的重要基础。我国是一个多民族、多语言、多文种、多方言的人口大国,汉字规范化是增进民族间地区间交流、维护民族团结和国家统一、传承和弘扬中华文化、促进经济社会发展的必要条件,是教育、科技、文化事业发展和信息化建设的基础性工作。

《规范汉字表》是与《国家通用语言文字法》实施相配套的汉字规范,是新时期语言文字规范化、标准化建设的重要成果,是继1986年国务院批准重新发表《简化字总表》后的又一重大汉字规范。

第一,充分认识研制发布《规范汉字表》的重大意义。《规范汉字表》是依据《国家通用语言文字法》,根据信息化时代语言生活变化和经济社会发展需要,在整合优化已有汉字规范的基础上制定的。首先,**研制发布《规范汉字表》有利于满足信息化时代语言生活的迫切需求**。改革开放以来,我国经济社会快速发展,语言生活也发生了很大变化:一是基础教育和文化普及常用字比过去相对集中;二是社会用字量有所扩展:科技语用字数量增加,并快速进入日常工作和大众生活领域,文言文用字也越来越多进入现代生活;三是信息化发展日新月异,新闻出版、广播影视、交通通信、金融保险、医疗卫生、户籍管理等行业对汉字规范化提出了新的需求。制定一个适应经济社会发展需要,满足各领域汉字应用需求的《规范汉字表》,关涉国计民生。**其次,研制发布《规范汉字表》有利于进一步提升汉字规范的水平**。新中国成立后,我国陆续发布了多项汉字规范,主要有《第一

批异体字整理表》《简化字总表》《印刷通用汉字字形表》《现代汉语常用字表》《现代汉语通用字表》等,对规范社会用字和方便中文信息处理发挥了重要作用,推动了我国教育、文化和科技事业的发展。但上述汉字规范距今已年代久远,且在不同时期研制,研制时的指导思想、技术手段、面对的社会用字状况均不同,存在一些疏漏和相互矛盾之处。为方便社会应用,提高汉字规范的科学性和实用性,在整合优化现行汉字规范的基础上,研制发布《规范汉字表》,已成为汉字规范发展的必然要求。**再次,研制发布《规范汉字表》,有利于推进依法行政与建设和谐语言生活。**《国家通用语言文字法》规定:"国家推广普通话,推行规范汉字。"研制与《国家通用语言文字法》实施相配套的汉字规范,是国家语言文字工作部门的职责。《规范汉字表》将为各行各业贯彻落实《国家通用语言文字法》提供科学适用的汉字规范,为加强语言文字规范管理、依法行政,提升政府公共服务与管理水平提供基本依据,为建设和谐的语言生活和规范的社会用字环境奠定政策基础。

党中央、国务院和教育部党组对研制发布《规范汉字表》高度重视,温家宝、李长春、刘延东等中央领导同志多次做出重要批示,指导字表研制发布有关工作。教育部多次将字表研制工作列入部年度工作要点,多次召开部党组会、部长专题办公会,听取汇报、讨论审议、部署指导。国家语委咨询委员会许嘉璐主任、柳斌副主任也多次给予具体指导,国家语委18个成员单位、有关高校和学术团体、相关用字单位也对字表研制工作给予积极支持配合。海内外广大民众对字表研制高度关注,通过各种方式发表了意见建议。《规范汉字表》是在党中央亲切关怀下、教育部党组统一领导下,社会各领域和广大专家学者共同打造的成果,是集体智慧的结晶。

第二,《规范汉字表》充分体现了汉字规范的科学性和实用性。研制《规范汉字表》遵循了四个主要原则:**一是充分考虑与原有规范的衔接,注重汉字规范的稳定性。**按照国务院1986年批转国家语委关于"汉字的形体在一个时期内保持相对稳定"的基本精神,充分照顾与原有汉字规范的衔接,在一些重大问题的处理上保持汉字规范的延续性,维护现行汉字系统的基本稳定。**二是充分考虑汉字应用实际,注重汉字规范的时代性。**根据信息时代汉字应用的实际需求,对以往的规范进行整合和优化,消除相互之间存在的一些矛盾和不统一问题,修正疏漏,并做重要补充和发展,体现汉字规范的时代需求和时代特色。**三是遵循汉字发展的客观规律,注重汉字规范的科学性。**主要体现在:遵循汉字结构和应用规律,运用语料库技术等现代化手段,科学定量,合理分级;广泛听取语言文字学界和相关应用领域的意见;充分吸收社会相关研究成果与实践经验,提高汉字规范的科学性。**四是适当考虑汉字在港澳台地区的应用和国际需求。**考虑海峡两岸和港澳地区汉字使用的实际情况,兼顾汉字使用的国际需求,尽量避免扩大不同地区、不同国家之间汉字使用的差异。

《规范汉字表》研制历时9年,字表研制课题组、字表专家工作组、字表专家委员会付出辛苦劳动,取得卓有成效的进展。通过深入调研、征集资料,认真汇总梳理了50多年来汉字规范化的成果,设定字表研制的目标和原则,并综合运用从原有多种字表中选择、通过语料库统计筛选、向社会有关单位征集等方式收集用字。在深入研究、充分探讨、反复论证的基础上,确定了对重要汉字规范问题的处理方案,对基础语料和基本数据进行仔细甄别,确定了字表分级与收字原则,形成字表草案。字表研制过程中,多次向语言文字学界和教育、科技、新闻出版、广播电视、信息处理、辞书编纂等重要用字领域及中国文物研究所、国家图书馆、故宫博物院等单位征求意见；并向15个国家语委委员单位以及公安部、国家测绘局书面征求了意见。2009年7月至2010年10月，根据国务院领导指示，教育部、国家语委组织开展向社会公开征求意见工作。先后组织召开四次座谈会，分别听取了全国人大和全国政协、汉字应用主要领域、相关学术团体和高等学校，以及新闻媒体和文化界等方面的意见。随后，通过各种渠道向社会公开征求意见。各地语言文字工作部门、有关学术团体和我国驻外使领馆教育组也通过多种方式广泛征集海内外意见。共收到社会意见3141件。其后，按照"认真对待，综合分析，实事求是，慎重处理"的原则，展开整理研究、调研咨询、文献核查、专题研讨、宣传解释和修改完善工作，对3141件社会意见做到了"件件有回音，字字有着落"。

研究制定《规范汉字表》，动员专家多、社会参与度高，充分体现了语言文字规范工作的重要性和社会对语言文字的高度关注。字表研制过程中，先后组织召开大型学术会议、专题研讨会、征求意见会、鉴定会、审议会等120余次，海内外专家、学者1000多人次参与讨论，字表先后修改90余稿，近40个重要用字单位对字表提供资料并提出了意见和建议。

字表研制遵循科学的原则，对"一简对多繁""类推简化"、异体字、字形等重要问题进行审慎处理，以及在研制中充分发扬学术民主，认真征求和采纳社会意见，都保证了字表的科学性和实用性。

第三，扎实做好《规范汉字表》审批、发布和实施的各项工作。字表发布实施涉及社会各领域、各方面，与人民生活息息相关，对于推动教育、文化和科技事业快速发展，提升国家软实力，树立国家形象将产生重要影响。对字表发布实施的艰巨性和复杂性，我们要有充分估计，并且做好应对预案。国务院常务会前，我们要进行充分准备，做好向国务院常务会议解读的准备工作，解读既要高度凝练，又能说明问题。要针对常务会上可能提出的问题，从科学性、社会性、政策性等方面进行回答。

要把字表审批、发布和实施作为一项重大任务，精心筹划组织，周密部署安排，把准备工作抓紧、抓好、做实、做细。要统筹兼顾、形成合力，从各部门（单位）抽调精干力量，组成专门工作班子，进一步完善各种汇报材料，充分展现严谨细致、精益求精的工作作风。要继续调整充实宣传方案，把字表审批、发布和实施的过程，作为广泛宣传国家语言文字方针政策、深入宣传国家语言文字重要地位和作用、积极宣传新中国语言文字事业重大成就和贡献的过程，进一步增进政府、社会对语言文字工作的理解、重视和支持。做好准备工作，有利于进一步提高认识、凝聚共识、集思广益。举办这次研修班，就是很好的准备工作。

字表发布实施，体现国家意志。要积极动员各方面的力量，共同为字表平稳发布实施营造良好的舆论氛围、创造良好的社会环境。要通过主动宣传、权威解读、互动交流，引导社会正确理解和使用字表。要协调相关部门共同做好字表的贯彻实施工作，重点做好教育、信息处理、新闻出版等领域的实施工作，确保教材、汉语工具书、计算机字库等平稳有序地实施字表。要动员和组织广大专家学者，积极参与字表的宣传普及和释疑解惑工作。我们的学者、专家必须要保持高度一致。要针对可能引发的热点讨论，做好快速反应、有效应对的预案。字表发布实施后，要抓紧研制规范汉字读音标准、汉字印刷字形标准、基础教育和汉语国际教育的分级字表等配套标准，更好地发挥《规范汉字表》的作用。

同时，我们要坚定信心，因为我们心里有底，特别是我们在第一线工作的专家学者，征求意见跑过无数家、无数次，基于这样的工作基础，又是利国利民的事情，我们应该共同担负起这个责任，不要惧怕一些不同的意见。

同志们，2011年是"十二五"开局之年，也是语言文字工作很不平凡的一年。首先，我们要真正贯彻好刘延东国务委员在《国家通用语言文字法》颁布十周年座谈会上的重要讲话，这是我们党中央、国务院近些年来，专门针对语言文字工作做出的重要讲话，在我们语言文字事业改革发展过程中，具有重要的指导作用，也给我们提供了发展的强大动力。第二，《国家中长期语言文字事业改革和发展规划纲要》即将颁布实施，这也是我们当前面临的重要任务。第三，《规范汉字表》的发布实施必将在社会各界产生一些广泛影响，所以大家一定要把审批、发布和实施几个阶段的任务抓紧、抓实、抓好，争取不辜负我们党和人民对做这项工作的专家学者和工作部门的期望，也不辜负人民群众和时代发展、信息技术对我们的期待，我相信我们一定能够顺利完成好。

大家用高度负责的态度对待这项工作，即使前面的路很曲折，面临的困难和挑战很多，有我们这样对真理追求、对人民负责、对语言事业热爱和尽职尽责的精神，我相信没有克服不了的困难。

做一线工作的、各个省来的同志们觉得办研修班很有意义，希望国家在转变政府职能、提高工作的前瞻性方面，多用这样的方式来解决问题。

这次研讨会特别要感谢各个方面给我们的大力支持，我再一次代表部党组、代表国家语委向在第一线兢兢业业工作的语言文字工作的专家和同志们表示敬意和感谢。

贯彻实施《通用规范汉字表》
提升语言文字应用规范化标准化水平

教育部副部长、国家语委主任　李卫红
2013年8月28日　《光明日报》

汉字规范化是加快普及国家通用文字的重要前提，是文化教育事业和信息化建设的基础性工作。发布实施《通用规范汉字表》，有利于汉字的规范、发展和汉语国际传播，有利于国家信息化建设和教育、文化、科技事业发展，是利国便民的重要工程。

一、《通用规范汉字表》是贯彻落实《中华人民共和国国家通用语言文字法》的重大配套规范，是满足信息化时代汉字应用需要的基础性规范

我国现行的汉字规范是20世纪50年代以来陆续制定的，主要有《第一批异体字整理表》《简化字总表》《印刷通用汉字字形表》《现代汉语常用字表》《现代汉语通用字表》等，对规范社会用字和促进中文信息处理发挥了重要作用，推动了我国教育、文化和科技事业的发展。改革开放以来，随着经济社会的快速发展，国家现代化、信息化事业的快速推进，语言生活发生了巨大变化：一是基础教育和文化普及的常用字比过去相对集中。二是社会用字量有所扩大，科技用字不断进入日常生活。三是信息化发展日新月异，新闻出版、广播影视、邮政通信、金融保险、医疗卫生、户籍管理等行业对汉字规范化

有了新需求。例如，激光照排技术的普遍应用，使计算机字库成为影响印刷出版与信息传播的重要因素；户籍、邮政、金融等行业信息存储和检索的数字化，使姓氏人名、地名等用字直接关系到相关行业的信息系统建设和政府的公共管理。在新形势下，过去的规范不能完全适应现代语言生活的需要，且因不同时期的研制原则、技术手段、面对的社会用字状况不同，存在一些疏漏和相互矛盾之处。在整合优化以往汉字规范的基础上，制定发布《通用规范汉字表》，进一步提升汉字规范化、标准化水平，适应经济社会发展，满足各领域汉字应用需求，关涉国计民生，是汉字规范发展的必然要求。

2000年10月颁布的《中华人民共和国国家通用语言文字法》，确立了普通话和规范汉字作为国家通用语言文字的法律地位。制定与该法实施相配套的汉字规范，满足现代语言生活需要，是国家语言文字工作部门的职责。《通用规范汉字表》是贯彻落实《国家通用语言文字法》必要的配套规范。其发布实施为社会各领域提供了科学适用的汉字规范，为加强语言文字规范管理，促进依法行政，提升政府公共管理服务水平提供了基本依据，为建设规范的社会用字环境夯实了政策基础。

二、《通用规范汉字表》是新中国成立以来汉字规范的总结、继承和提升，是信息化时代汉字规范的新起点和新发展

《通用规范汉字表》是在整合优化50多年来汉字规范成果的基础上制定的。研制工作历时十余载，在深入研讨和广泛征求意见基础上，对汉字规范涉及的若干重要问题进行了审慎处理，对新中国成立以来的文字政策和汉字规范进行了全面梳理与总结。

《通用规范汉字表》研制工作始终把握六条原则：一是尊重传统，注重汉字规范的稳定性。充分考虑与原有汉字规范的衔接，对一些重大问题审慎处理，维护现行汉字系统的基本稳定。二是尊重历史，注重汉字规范的继承性。对已有的汉字规范进行梳理、研究，凡需调整之处，都尽可能考虑大众使用习惯和社会的可接受程度，遵照"约定俗成"的原则审慎细致地处理。三是尊重现实，注重汉字规范的时代性。根据信息化时代汉字应用的实际需求，对以往的规范进行整合优化，消除相互间的矛盾，修正疏漏，补充完善，体现汉字规范的时代需求和时代特色。四是尊重民意，注重汉字规范的社会性和服务性。研制过程中通过发布公告和座谈会等方式，"问计于民、问道于贤"，广泛听取社会意见，并在此基础上，对字表进行了修改完善。五是遵循规律，注重汉字规范的科学性。坚持实事求是的科学精神，遵循汉字发展和应用的客观规律，运用语料库技术等现代化手段，充分论证、科学定量、合理分级，吸收社会相关研究成果与实践经验，提高汉字规范的科学性。六是充分考虑港澳台地区和海外华人汉字应用的实际情况，兼顾汉字应用的国际需求，尽量避免扩大差异。

今后，应继续坚持简化字的规范，在一个时期内使汉字的形体保持相对稳定，推动汉字的规范化、标准化、信息化，充分发挥规范汉字的主导作用，依法处理好繁体字、异体字的使用问题，保障社会语言生活和谐发展。

三、《通用规范汉字表》充分体现了汉字规范的实用性，是社会各领域、广大专家学者和人民群众集体智慧的结晶

《通用规范汉字表》研制过程中，先后召开大型学术会议、专题研讨会、审议会等120余次，海内外专家学者4000多人次参与研讨，近40个主要用字单位和行业主管部门对研制工作提供资料并提出意见建议，国家语委18个成员单位、有关高校和学术团体都给予积极支持和配合。2009年8月向社会公开征求意见期间，社会各界和海外人士积极建言献策。《通用规范汉字表》先后修改 90 余稿，是整合优化 50 多年来汉字规范后的最新成果。研制工作动员专家多、社会参与度高，是新中国汉字规范制定工作中，科学研究深入、透明度高、知晓度广的一次成功实践，充分体现了语言文字规范工作的重要性和社会对语言文字应用与规范的高度关注。

《通用规范汉字表》使汉字规范进一步优化，与以往的汉字规范相比，主要有四个特点：一是集多个字表于一体，方便大众使用。对以往汉字规范进行了整合和优化，根据信息化时代汉字应用和人民群众社会生活的实际需求，调适了已有各规范之间相互矛盾的地方，用一个字表覆盖了以往多个字表的功能。二是运用现代化科技手段，科学定量、收字和分级。遵循汉字发展和应用的客观规律，运用语料库技术等现代化手段和多种渠道征集用字等方式，依照科学原则，在现有条件下最大限度地做到收字科学、定量分级合理，努力满足不同领域的用字需求。《通用规范汉字表》不是封闭的系统，今后可根据语言生活的发展变化和实际需要，在适当的时候进行必要的补充和调整，如补充姓氏用字、科学技术术语用字，增加汉字读音属性等。三是增收专门领域用字，适应信息化时代各领域用字的新需求。收录了较为通用的姓氏人名用字、乡镇以上地名用字、与人民生活密切相关的科学技术术语用字和中小学语文教材文言文用字，尽量满足身份证、户籍卡、病历卡等证件制作用字和医药、气象、环境等学科门类用字的需要。例如，为了满足大众起名的需要，将"喆、淼、堃、昇"等《第一批异体字整理表》中的异体字调整为规范字，并规定用于姓氏人名。四是梳理汉字的简繁正异关系，方便海峡两岸及港澳地区信息交流。考虑中国大陆与港澳台地区、海外华人的汉字应用的现实需求，以附表的形式梳理和呈现了规范字与繁体字、异体字之间的对应关系，方便海峡两岸及港澳地区的信息交流和海外华人的汉字应用。

四、认真贯彻实施《通用规范汉字表》，促进国家通用语言文字规范化标准化信息化

《通用规范汉字表》的发布实施，是继1986年国务院批准重新发布《简化字总表》后的又一重大汉字规范，是深入贯彻落实党的十八大提出的"推广和规范使用国家通用语言文字"的重要举措。字表的发布实施涉及社会各个领域，与人民群众的生活、学习和工作息息相关，具有很强的政策性、专业性和社会性。做好字表的发布实施工作，意义重大，影响深远。

平稳有序地实施《通用规范汉字表》，需要全社会的共同努力。语言文字战线要通过主动宣传，引导社会正确理解和使用字表，营造良好的舆论氛围，创造良好的社会环境。广大语言文字专家学者要主动参与字表的宣传普及工作。相关部门要积极做好字表的贯彻落实工作，重点做好教育教学、信息处理、新闻出版等领域的实施，确保教材、计算机字库、汉语工具书等平稳有序地实施字表。

为了更好发挥字表的作用，还要认真做好字表配套标准的研制。例如，根据学生不同学段的学习特点和规律，把一级字表的3500常用字再行分级，以更好适应基础教育的需要；研究审定字表中每个汉字的读音，制定汉字的印刷字形标准，以满足新闻出版、古籍印刷、数字图书馆和博物馆建设等需要，掌握汉字国际标准的主动权。

第三部分　新闻报道

(一) 新闻发布会

《通用规范汉字表》有关情况介绍

教育部语言文字信息管理司司长　张浩明

2013 年 8 月 27 日

各位媒体朋友，各位来宾，大家好！

非常高兴和大家见面。首先，对各位媒体朋友长期以来对语言文字事业的关心和支持，表示衷心的感谢！8 月 19 日，国务院发布了关于公布《通用规范汉字表》的通知，引起社会广泛关注，下面，我从《通用规范汉字表》的性质、意义、研制经过、基本内容和特点五个方面向各位简要介绍。

一、关于字表的性质。《通用规范汉字表》是继 1986 年国务院批准重新发布《简化字总表》后的又一重大汉字规范，是对 50 多年来汉字规范整合优化后的最新成果，是新中国成立以来汉字规范的总结、继承和提升，也是信息化时代汉字规范的新起点和新发展。字表是贯彻落实《国家通用语言文字法》，满足信息化时代汉字应用需要，适应汉字规范发展要求的重要基础性规范。

二、关于字表的意义。大家知道，中国是一个多民族、多语言、多文种、多方言的人口大国。推广和规范使用国家通用语言文字，是增进民族间、地区间交流，促进政治、经济、教育、文化、信息化等各项事业发展的必要条件。规范汉字是国家通用文字，汉字规范化是推广和规范使用国家通用语言文字的重要前提，更是教育文化事业和信息化建设的基础性工作。

《国家通用语言文字法》规定:"国家推广普通话,推行规范汉字。"《通用规范汉字表》是与该法实施相配套的汉字规范。其公布实施,为社会各领域提供了科学适用的汉字规范,对提升国家通用语言文字的规范化、标准化水平具有重要意义。

三、关于字表研制经过。 新中国成立以来,我国陆续发布了多项汉字规范,对规范社会用字和加强中文信息处理发挥了重要作用,促进了文化教育和科技事业的发展。但这些不同时期制定的规范关注点各异,导致规范之间存在一些矛盾。更为重要的是改革开放以来,随着经济社会的快速发展,以及汉语国际化步伐的加快,社会语言生活发生了巨大变化,社会用字习惯和用字范围也发生了较大变化,原有的汉字规范已不能完全适应现代语言生活的需要,尤其是不能适应人名、地名、科技术语等方面信息化的需要。在整合优化以往汉字规范的基础上,制定发布《通用规范汉字表》,提升汉字的规范化、标准化水平就成为当务之急。

2001年4月,教育部、国家语委启动了《通用规范汉字表》研制工作,整个研制过程包括学术准备、研究起草、专家审核、征求意见四个阶段。《通用规范汉字表》先后修改了90余稿,召开大型学术会议、专题研讨会、征求意见会、鉴定会、审议会120余次,海内外专家学者4000多人次参与研讨,近40个主要用字单位和行业主管部门提供资料并提出意见建议,国家语委18个成员单位、有关高校和学术团体都给予了积极支持和配合。2009年7月面向社会公开征求意见,通过发布公告和座谈会等方式,广泛听取全国人大和全国政协、汉字应用主要领域、相关学术团体、高等学校、新闻媒体、文化界和国家语委成员单位以及社会公众的意见。公开征求意见共收到意见和建议 3141 件，对这些意见和建议，课题组做到了"件件有分析，件件有回复"，对具有参考价值的建议做了合理吸收。研制工作动员专家多、社会参与度高，是新中国汉字规范制定工作中科学研究深入、透明度高、知晓度广的一次成功实践，充分体现了语言文字规范工作的重要性和社会对语言文字的高度关注。

四、关于字表的内容。《通用规范汉字表》包括主表和附表两部分。

主表共收 8105 字，分为三级：一级字表为常用字集，收字 3500 个，主要满足基础教育和文化普及的基本用字需要，也可以作为义务教育阶段的识字标准。二级字表收字 3000 个，常用度仅次于一级字。一、二级字表合计 6500 字，主要满足出版印刷、信息处理等方面和社会生活的一般用字需要。三级字表收字 1605 个，是姓氏人名、地名、科学技术术语和中小学语文教材文言文用字中未进入一、二级字表的较通用的字，主要满足与大众生活密切相关的专门领域的用字需要。

附表有两个：《规范字与繁体字、异体字对照表》和《〈通用规范汉字表〉笔画检字表》。

五、关于字表的特点。与以往汉字规范相比，《通用规范汉字表》有四个主要特点：一是集多个字表于一体，方便大众使用。通过对以往汉字规范的整合、优化，满足信息化时代汉字应用实际需求，调适已有各规范之间相互矛盾之处，用一个字表覆盖了以往多个字表的功能，全面整合，大大方便了群众的使用。二是运用现代科技手段，科学定量、收字和分级。遵循汉字发展和应用的客观规律，运用语料库技术等现代化手段，对汉字进行科学定量和合理分级，满足不同领域的用字需求。三是增收专门领域用字，适应信息化时代各领域用字的新需求。通过向公安部、民政部等相关部门和群众征集用字，收录了较为通用的姓氏人名用字、乡镇以上地名用字、与人民生活密切相关的科学技术术语用字和中小学教材文言文用字,尽量满足各类证件制作用字和医药、气象、环境等学科门类专业用字的需要。四是梳理汉字的简繁、正异关系,以附表形式呈现了规范字与繁体字、异体字之间的对应关系,方便海峡两岸及港澳地区信息交流和海外华人的汉字应用。字表本着以人为本的精神,还调整恢复了45个异体字,如"淼、喆、堃"等,满足了人们在人名、地名命名等方面的用字需要。

贯彻《通用规范汉字表》,需要全社会的共同努力。希望相关部门认真做好字表的贯彻落实,重点做好教育教学、信息处理和新闻出版等领域的实施,确保教材、计算机字库、汉语工具书平稳有序地实施字表。希望语言文字专家学者积极参与字表的宣传和普及工作。希望新闻界朋友积极、客观宣传报道字表。

以上是简要情况介绍。今天发布会我们还特别邀请了字表研制课题组专家王宁教授、社科院文史哲学部江蓝生主任以及北京语言大学李宇明教授,他们将从不同角度介绍解读字表。

材料一：国务院公布《通用规范汉字表》

2013年8月19日，国务院发布关于公布《通用规范汉字表》的通知。该表由教育部、国家语言文字工作委员会组织制定，是继1986年国务院批准重新发布《简化字总表》后的又一重大汉字规范，是新中国成立以来汉字规范的总结、继承和提升，也是信息化时代汉字规范的新起点和新发展。党的十八大提出"推广和规范使用国家通用语言文字"，研制和实施《通用规范汉字表》，对提升国家通用语言文字的规范化、标准化水平，促进国家经济社会和文化教育事业发展，具有重要意义。

《通用规范汉字表》收字8105个，分为三级。一级字表为常用字集，收字3500个，主要满足基础教育和文化普及的基本用字需要，也可以作为义务教育阶段的识字标准。二级字表收字3000个，常用度仅次于一级字。一、二级字表合计6500字，主要满足出版印刷、辞书编纂和信息处理等方面的一般用字需要。三级字表收字1605个，是姓氏人名、地名、科学技术术语和中小学语文教材文言文用字中未进入一、二级字表的较通用的字，主要满足信息化时代与大众生活密切相关的专门领域的用字需要。《通用规范汉字表》还有两个附表，分别是《规范字与繁体字、异体字对照表》和《〈通用规范汉字表〉笔画检字表》。

《通用规范汉字表》研制工作始终把握六条原则：一是尊重传统，注重汉字规范的稳定性。二是尊重历史，注重汉字规范的继承性。三是尊重现实，注重汉字规范的时代性。四是尊重民意，注重汉字规范的社会性和服务性。五是遵循规律，注重汉字规范的科学性。六是充分考虑港澳台地区和海外华人汉字应用的实际情况，兼顾汉字应用的国际需求，尽量避免扩大差异。与以往汉字规范相比，《通用规范汉字表》主要有四个特点：一是集多个字表于一体，方便大众使用。通过对以往汉字规范的整合、优化，满足信息化时代汉字应用实际需求，调适已有各规范之间相互矛盾之处，用一个字表覆盖了以往多个字表的功能。二是运用现代科技手段，科学定量、收字和分级。遵循汉字发展和应用的客观规律，运用语料库技术等现代化手段，对汉字进行科学定量和合理分级，满足不同领域的用字需求。三是增收专门领域用字，适应信息化时代各领域用字的新需求。通过向公安部、民政部等相关部门和群众征集用字，收录了较为通用的姓氏人名用字、乡镇以上地名用字、与人民生活密切相关的科学技术术语用字和中小学教材文言文用字，尽量满足各类证件制作用字和医药、气象、环境等学科门类专业用字的需要。四是梳理汉字的简繁、正异关系，以附表形式呈现了规范字与繁体字、异体字之间的对应关系，方便海峡两岸及港澳地区信息交流和海外华人的汉字应用。

《通用规范汉字表》研制工作自 2001 年启动，历时 10 余年，先后修改 90 余稿。社会各相关领域和语言文字学界广大专家学者共同参与，先后召开大型学术会、专题研讨会、征求意见会、鉴定会、审议会 120 余次，海内外专家、学者 4000 多人次参与讨论，近 40 个主要用字单位和行业主管部门为字表提供资料并提出意见和建议。期间向社会公开征求意见，课题组对征集到的 3141 件意见建议进行分类整理研究，合理吸收。

《国务院关于公布〈通用规范汉字表〉的通知》指出，《通用规范汉字表》是贯彻《中华人民共和国国家通用语言文字法》,适应新形势下社会各领域汉字应用需要的重要汉字规范。制定和实施《通用规范汉字表》,对提升国家通用语言文字的规范化、标准化、信息化水平,促进国家经济社会和文化教育事业发展具有重要意义。《通用规范汉字表》公布后,社会一般应用领域的汉字使用应以《通用规范汉字表》为准,原有相关字表停止使用。

材料二:《通用规范汉字表》答记者问

一、为什么要制定公布《通用规范汉字表》?

汉字规范化是文化教育和信息化建设的基础性工作,对促进经济社会发展、增进民族间地区间交流、维护民族团结和国家统一、传承和弘扬中华文化,都发挥着重要作用。

研制公布《通用规范汉字表》主要有以下六个方面的原因:

(一)新中国成立以来,中国相继发布了多项重要的汉字规范,主要有《第一批异体字整理表》《汉字简化方案》《简化字总表》《印刷通用汉字字形表》《现代汉语常用字表》《现代汉语通用字表》等。这些重要文件体现了新中国汉字改革成果,但随着经济社会和文化教育事业的快速发展,时代对汉字的规范化、标准化、信息化提出了新的更高的要求,这些标准已不能满足现实生活的需要。

(二)2000年10月颁布的《国家通用语言文字法》,在宪法的基础上首次确立了普通话和规范汉字作为国家通用语言文字的法律地位,切实保证了国家语言文字的统一,并为民族地区的双语教育提供了最为重要的政策依据。但是"普通话"较为明确,而"规范汉字"却不明晰,因此影响到法律的权威性和依法行政。《通用规范汉字表》将"规范汉字"这一法律概念落到实处,是《国家通用语言文字法》应有的配套规范。它的公布实施,为全面落实国家语言文字政策法规、依法管理社会语言生活提供了基本的政策依据。

(三)社会通用层面字量需要尽快扩充。随着文化、教育、科技的普及，社会用字量有所扩大，原来字表的收字量明显不足。以前的社会用字以手写为主，今天汉字已基本由手写发展为计算机处理，社会管理也更多依赖计算机。为保证新闻出版、广播影视、邮政通信、金融保险、医疗卫生、户籍管理等领域的信息化水平，必须为计算机字库提供更大字量的规范汉字。

（四）常用字需要重新遴选。过去一些常用字现在不常用了，一些不常用的字现在常用了。义务教育、扫盲教育的识字标准需要调整，常用字需要根据社会实际进行优选。

（五）网络用字亟须规范。随着互联网的普及，自造字、古汉字、日本汉字、港台字形等纷纷涌进网络，用字不规范的现象有所发展，影响了国家通用文字的规范性，增加了网络安全的保障难度。

（六）为汉语走向世界提供方便。海外华人社区和国际组织在学习和使用汉字时，多数采用我国大陆的语言文字规范来学习和使用简化字，为方便汉语的国际教育和国际应用，十分需要建立切合时代发展的汉字规范。

二、《通用规范汉字表》主要包括哪些内容？

《通用规范汉字表》包括主表和附表两部分。

主表共收8105字，分为三级：一级字表为常用字集，收字3500个，主要满足基础教育和文化普及的基本用字需要，也可以作为义务教育阶段的识字标准。二级字表收字3000个，常用度仅次于一级字。一、二级字表合计6500字，主要满足出版印刷、信息处理等方面和社会生活的一般用字需要。三级字表收字1605个，是姓氏人名、地名、科学技术术语和中小学语文教材文言文用字中未进入一、二级字表的较通用的字，主要满足与大众生活密切相关的专门领域的用字需要。

附表有两个：附表1是《规范字与繁体字、异体字对照表》，呈现了规范字和繁体字、异体字之间的对应关系，以指导人们正确使用《通用规范汉字表》，方便古籍阅读和海峡两岸及港澳地区信息交流。附表2是《〈通用规范汉字表〉笔画检字表》，供查检使用。

三、研制《通用规范汉字表》遵循了哪些主要原则？

《通用规范汉字表》研制工作始终把握六条原则：

（一）尊重传统，注重汉字规范的稳定性。充分考虑与原有汉字规范的衔接，对一些重大问题审慎处理，维护现行汉字系统的基本稳定。

（二）尊重历史，注重汉字规范的继承性。对已有的汉字规范进行梳理、研究，凡需调整之处，都充分考虑全民习惯和社会的可接受程度，遵照"约定俗成"的原则审慎细致地处理。

（三）尊重现实，注重汉字规范的时代性。根据信息化时代汉字应用的实际需求，对以往的规范进行整合优化，消除相互间的矛盾，修正疏漏，补充发展，体现汉字规范的时代需求和时代特色。

（四）尊重民意，注重汉字规范的社会性和服务性。研制过程中通过发布公告和座谈会等方式，"问计于民、问道于贤"，广泛听取全国人大和全国政协、汉字应用主要领域、相关学术团体、高等学校、新闻媒体、文化界和国家语委成员单位以及社会公众的意见，还通过多种方式广泛征集海外意见。对公开征求意见中反馈的3141件意见和建议进行分类整理研究，做到"件件有回音，件件有分析"，在充分吸收社会意见的基础上，对字表进行了修改完善。

（五）遵循规律，注重汉字规范的科学性。坚持实事求是的科学精神，遵循汉字发展和应用的客观规律，运用语料库技术等现代化手段，充分论证、科学定量、合理分级，吸收社会相关研究成果与实践经验，提高汉字规范的科学性。

（六）充分考虑港澳台地区和海外华人汉字应用的实际情况，兼顾汉字应用的国际需求,尽量避免扩大差异。

四、《通用规范汉字表》主要有哪些特点?

与已有的汉字规范相比,《通用规范汉字表》主要有四个特点:

(一)集多个字表于一体,方便大众使用。通过对以往汉字规范的整合、优化,满足信息化时代汉字应用实际需求,调适已有各规范之间相互矛盾之处,用一个字表覆盖了以往多个字表的功能。

(二)运用现代化科技手段,科学定量、收字和分级。遵循汉字发展和应用的客观规律,运用语料库技术等现代化手段,对汉字进行科学定量和合理分级,满足不同领域的用字需求。

(三)增收专门领域用字,适应信息化时代各领域用字的新需求。通过向公安部、民政部等相关部门和群众征集用字,收录了较为通用的姓氏人名用字、乡镇以上地名用字、与人民生活密切相关的科学技术术语用字和中小学教材文言文用字,尽量满足各类证件制作用字和医药、气象、环境等科学门类专业用字的需要。

(四)梳理汉字的简繁、正异关系,以附表形式呈现了规范字与繁体字、异体字之间的对应关系,方便海峡两岸及港澳地区信息交流和海外华人的汉字应用。

五、《通用规范汉字表》公开征求意见后,为什么取消了对44个汉字字形的调整?

(一)在《印刷通用汉字字形表》和《现代汉语通用字表》中,存在一些具体字形处理与所定规则不一致的问题。如"碧、墅"等绝大多数字左上部件末笔的横都已变为提,而"琴、瑟、琵、琶"等极少数几个字左上部件末笔的横没有变为提。又如"瞥、弊、憋"的第四笔带钩,"鳖、蟞"等几个字的第四笔却不带钩,等等。这给汉字学习、信息处理及更大范围内汉字的定形造成困难。

（二）字表研制过程中，为实现汉字字形标准化，课题组曾按照"尊重汉字结构、考虑宋体风格、遵循统一规则"原则，对"琴"等44个汉字的字形做了微调。多数是对个别笔画笔形的微调，如"琴、瑟"第四笔的横变为提等。

（三）字表公开征求意见期间，字形调整受到社会广泛关注，社会对字形微调存在不同意见。鉴于字形微调目前未得到社会的普遍认同，加之这一问题的彻底解决涉及宋体、仿宋体、楷体、黑体等多种常用印刷字体字形的规范，为此，《通用规范汉字表》仍沿用原有的字形规范，暂不调整。

六、《通用规范汉字表》对繁体字是如何处理的？

（一）维护汉字的基本稳定是《通用规范汉字表》制定的重要原则。一些字有简有繁，自古如此，从汉字发展的历史看，简化一直是主要趋势。新中国成立后审慎进行文字改革，选择已经通行的简化字分批整理公布。简化字推行半个多世纪以来，方便了几代人的认字写字，加快了成人扫盲步伐和教育普及，人们已经习惯了使用简化字。《国家通用语言文字法》也规定了简化字的规范汉字地位。此外，新加坡、马来西亚等海外华人社会也以简化字为正字标准，国际组织多以简化字为规范。随着中国国际地位的不断提升，简化字的国际声誉也在逐渐提升。根据文字使用的社会性原则，坚持简化字是完全正确的。

（二）关于繁体字使用问题，《国家通用语言文字法》中有明确规定，繁体字在下列情形中可以保留或使用：文物古迹；书法、篆刻等艺术作品；题词和招牌的手书字；出版、教学、研究中需要使用的；经国务院有关部门批准的特殊情况等。

（三）近年来，汉字简繁问题社会上有所议论，但此问题十分复杂，影响到国计民生，牵涉到诸多领域，海外华人和国际社会也十分关注。经反复征询多方面专家意见,并与港澳台地区学者和海外从事汉语教学的学者、教师交换看法,权衡利弊,这次在字表中没有恢复一个繁体字。

七、《通用规范汉字表》效力如何?在相关领域实施的原则性意见是什么?

《通用规范汉字表》公布后,社会一般应用领域的汉字使用应以《通用规范汉字表》为准,原有相关字表停止使用。各相关主管部门可根据本领域的实际情况,制定配套规则,逐步有序地推行。在相关领域实施的原则性意见如下:

(一)基础教育领域。《通用规范汉字表》一级字表列出3500个常用汉字,基础教育领域以《通用规范汉字表》一级字表作为义务教育阶段的识字标准,按学段合理安排识字教学。

(二)信息处理领域。汉字编码标准、汉字库要根据字表补充未收入的字。字表在信息技术产品中的实现,可以有一定的过渡期。

(三)辞书编纂领域。《通用规范汉字表》是现代汉语规范性语文辞书编纂的重要依据。相关语文辞书可以在修订时以自然更新的方式贯彻字表,根据其服务领域和使用对象不同,可以部分或全部收录《通用规范汉字表》中的字,也可以适当多收一些备查的字。

(四)姓氏人名、地名、科学技术术语方面。有关部门应考虑社会交际需要和科学普及需要,引导使用规范汉字。

八、《通用规范汉字表》与语文辞书(字典、词典)是什么关系?

(一)语文辞书与语言文字规范标准关系密切。语文辞书收哪些字,不收哪些字,怎样处理繁简字、异体字之间的关系,都要以国家语言文字政策和语言文字规范为依据。《通用规范汉字表》提供了社会一般应用领域汉字的字量、字级和字形规范,是一般语文辞书编纂的依据。

（二）语文辞书是语言文字规范化工作的重要工具。汉字规范的贯彻实施离不开辞书的实践和引导，语文辞书是实现语言文字规范的主要载体，语言文字规范需要通过辞书来推行。已出版的《新华字典》第11版和《现代汉语词典》第6版修订时已跟进字表。

（三）语文辞书的收字量根据其服务领域和使用对象不同，可以部分或全部收录《通用规范汉字表》中的字，也可以适当多收一些备查的字。

九、《通用规范汉字表》对基础教育的作用是什么？

《通用规范汉字表》对于基础教育阶段的汉字教学意义十分重大，主要体现如下：

（一）为义务教育阶段汉字教学标准的制定提供了科学依据。《通用规范汉字表》中一级字表通过语料库和人工干预的方法科学定量和收字，更好地适应了义务教育用字需要，为义务教育各阶段的识字写字教学和教科书编写提供了参考。2011年《义务教育语文课程标准》以《通用规范汉字表》一级字表为依据制定了不同学段的识字写字标准。

（二）为提高识字写字教学的效率、降低学习和教学的成本创造了条件。《义务教育语文课程常用字表》采用了一级字表，又根据小学和初中不同阶段的特点，将3500常用字分成两个部分，分别安排在语文学习的不同时期，有利于将识字写字教学和阅读写作教学结合起来。《识字、写字教学基本字表》在《义务教育语文课程常用字表》的基础上，选出300个构形简单、重现率高、大多数能成为其他字结构成分的常用汉字，有利于学生打好识字、写字基础，发展识字、写字能力，提高学习效率。

（三）在《通用规范汉字表》一级字表基础上研制的识字标准，有利于加强汉字教育的评估。当前义务教育阶段有多种语文教科书,使用不同教科书的学生学到的字会略有差异,这种情况给跨地区的识字写字教学评估带来困难。根据一级字表研制的识字标准可以给识字写字教学的评估提供依据,并将推进汉字教育教学方法的研究。

（二）相关报道摘编

信息时代更需要汉字规范

人民日报评论员

2013年8月28日 《人民日报》

近日国务院公布了《通用规范汉字表》，这是落实《国家通用语言文字法》、满足信息时代汉字应用需要的重大举措，是继1986年国务院批准重新发布《简化字总表》后的又一重大汉字规范成果，对提升国家通用语言文字的规范化、标准化水平，促进国家经济社会和文化教育事业发展，都具有重大的意义。

汉字是中华民族智慧和文明的结晶，是中华文化的重要组成部分、重要载体和鲜明标志。作为文化教育和信息化建设的基础性工作，汉字规范化对提高国民语文素质，弘扬中华文化，增强民族凝聚力，维护民族团结和国家统一，都发挥了积极的作用。

当今时代，信息化已成为全球经济社会发展的显著特征，以语言文字为主要载体的信息资源日益成为重要生产要素、无形资产和社会财富，迫切要求加速提升语言文字信息化水平。特别是进入21世纪，随着经济社会和文化教育事业的快速发展，社会语言生活发生了巨大变化；随着工业化、城镇化、国际化步伐的加快，语言交流更为频繁，语言服务需求不断增大，对语言文字规范化、标准化、信息化提出了更高需求；随着国家综合实力的不断增强，汉语加快走向世界，中华语言文字的国际影响力不断扩大,中华文化传播的广度和深度不断扩展。这些,都急需语言文字的国家标准做支撑。事实证明,社会的信息化程度越高,越需要对中华文化的传承和坚守,越需要对汉字的规范化。

2000年10月颁布的《国家通用语言文字法》,首次确立了普通话和规范汉字作为国家通用语言文字的法律地位,标志着我国语言文字工作步入了法制化轨道,进入了依法行政、依法管理的历史新阶段。《通用规范汉字表》遵循汉字发展和应用的客观规律,对新中国成立以来文字政策和汉字规范进行总结、继承和提升,是信息化时代汉字规范的新起点和新发展,是适应新形势下社会语言生活变化的重大汉字规范。它的公布实施,为全面落实国家语言文字政策法规、依法管理社会语言生活提供了基本的政策依据,必将有利于汉字的规范和发展,有利于教育、文化、科技事业的进步,有利于汉语国际传播,有利于国家信息化建设。

"推广和规范使用国家通用语言文字",是党的十八大提出的明确要求。《通用规范汉字表》颁布实施后,有利于全社会都增强语言文字规范意识,提高语言文字应用能力,为构建规范的文字环境做出贡献。

中国公布历时10年研制的《通用规范汉字表》

2013年8月19日　新华社

新华网北京8月19日电（记者 吴晶）历时10年研制的《通用规范汉字表》19日在中国政府网公布，这是对50余年来汉字规范整合优化后的最新成果，对提升国家通用语言文字的规范化、标准化水平具有重要意义。

根据中国政府网同日公布的国务院关于公布《通用规范汉字表》的通知，国务院同意教育部、国家语言文字工作委员会组织制定的《通用规范汉字表》。公布后，社会一般应用领域的汉字使用应以本表为准，原有相关字表停止使用。

《通用规范汉字表》共收字8105个，分为三级。一级字表为常用字，收字3500个，主要满足基础教育和文化普及的基本用字需要。二级字表收字3000个，使用度仅次于一级字。一、二级字表主要满足出版印刷、辞书编纂和信息处理等方面的一般用字需要。三级字表收字1605个，是姓氏人名、地名、科学技术术语和中小学语文教材文言文用字中未进入一、二级字表的较通用的字，主要满足信息化时代与大众生活密切相关的专门领域的用字需要。

据了解，《通用规范汉字表》是在整合1955年以来中国制定的几个主要字表的基础上制定的。一、二级字表主要依据字的使用度进行定量、收字和分级。三级字表主要通过向有关部门和群众征集用字等方法，收录音义俱全且有一定使用度的字。

字表还附录有《规范字与繁体字、异体字对照表》《〈通用规范汉字表〉笔画检字表》。本表将根据语言生活的发展变化和实际需要适时进行必要补充和调整。

《通用规范汉字表》昨日出炉

2013年8月21日 《北京日报》

昨天，经过十多年时光打磨的《通用规范汉字表》出炉，今后我国通用规范汉字总数为8105个，其中收录了"闫"等226个简化字，"淼"等45个异体字升级为规范字。

该字表2009年公开征求意见时，曾因改变44个汉字的字形、笔画引发争议，昨日公布的正式字表中，征求意见稿中有关字形调整的附表被取消。

常用字共3500个

此次公布的《通用规范汉字表》堪称是50多年规范汉字的优化整合。该表由教育部、国家语言文字工作委员会组织制定，历经十余年。该字表整合了1955年以来的多个文件，包括《第一批异体字整理表》《简化字总表》《现代汉语常用字表》《现代汉语通用字表》等。

新公布的字表共收字8105个，分为三级。其中一级字表为常用字集，收字3500个，主要满足基础教育和文化普及的基本用字需要；二级字表收字3000个，使用度仅次于一级字。一、二级字表合计6500字，主要满足出版印刷、辞书编纂和信息处理等方面的一般用字需要。三级字表收字1605个，是姓氏人名、地名、科学技术术语和中小学语文教材文言文用字中未进入一、二级字表的较通用的字，主要满足信息化时代与大众生活密切相关的专门领域的用字需要。

据介绍，一、二级字表通过语料库统计和人工干预方法，主要依据字的使用度进行定量、收字和分级。三级字表主要通过向有关部门和群众征集用字等方法，收录音义俱全且有一定使用度的字。

比"2009版"减少195个字

2009年，该字表征求意见时，共收录了8300个字，而昨日发布的正式字表比"2009版"减少了195个字，收录8105个字。

北京语言大学中国语言政策与标准研究所教授陈双新分析，缩水的195个字应该都是三级字，原因是在征求意见过程中，有些人对三级字中某些字的通用度提出看法，课题组重新审查和严格把握后删除了这一百多个字。

该表对目前存在的《简化字总表》和《现代汉语通用字表》之外的类推简化字进行了严格甄别，仅收录了符合该表收字原则且已在社会语言生活中广泛使用的"闫"等226个简化字，还将《第一批异体字整理表》中"喆""喆""淼"等45个异体字调整为规范字。

此外，字表还附录有《规范字与繁体字、异体字对照表》、《〈通用规范汉字表〉笔画检字表》。

汉字"整形"附表被取消

2009年，《通用规范汉字表》征求意见时，曾因"为与宋体字一致，对44个汉字字形做出调整"的规定引发争议。

当时对汉字"整形"制定了横变提、竖变撇、捺变点、竖弯钩变竖提和竖钩、横折钩去钩5类笔形规则，经调整后，很多常见字变形，比如"琴"字上左部最后一笔横变提，"衾""余"等字下部件末笔捺变点，"亲""杀"等字下部件的竖钩变竖，"唇""蜃"等字由半包围结构改为上下结构等。很多人担心会改变书写习惯，影响用字便利，甚至影响学生学习、考试。

昨天公布的字表中，这份"整形"附表被取消。陈双新表示，字形调整是一个学术性很强的工作，其实如果是调整也是仅仅针对电脑上的宋体字，日常的手写体和电脑上其他字体还是跟以前一样，对一般人的使用和认读几乎没有影响。

他认为，今后可能会对字形调整进行专门和系统的研究，这是计算机时代应该做的工作，这影响到计算机中汉字的属性标注。电脑需要把汉字的形、音、笔画数、笔顺、码位等信息都标注清楚，才能更便于处理各种用途的信息。

原有相关字表停止使用

依据国务院的规定，《通用规范汉字表》公布后，社会一般应用领域的汉字使用应以《通用规范汉字表》为准，原有相关字表停止使用。

字表一公布便引起热议，有网友认为，字表中不妨多加一些生僻字，这样，很多输入法都会依据"通用字表"进行更新，这样以后就会很方便。

据了解，该表还将根据语言生活的发展变化和实际需要适时进行必要补充和调整。

汉字规范接了地气

2013年8月27日 《人民日报》

历时十余年,《通用规范汉字表》终于与公众见面了。"闫""喆""淼"等一批昔日的"黑户"汉字也喜迎"转正",跻身规范字的行列。对此,民间欢呼声一片,不少曾经"中招"的网友感叹,"以后登机打名字再也不用这么费劲了!"

这次出台的规范汉字表之所以赢得掌声,就是因为它接了地气,积极回应了百姓生活中的现实问题。

老百姓起名,喜欢图个吉利,或者讲究点文化内涵,像"堃""喆""淼"等字在人名中使用的频率就相当高。然而,由于不是规范汉字,在办理准考证、登机牌等手续时,这些"堃""喆"们往往遭遇麻烦,通常需要到相关机构盖章后才能"验明正身",白白浪费了许多时间和精力。新字表将堃、喆、淼、甦、犇等字增加为"规范字",方便用于人名,可谓是"大庇天下'堃''喆'俱欢颜"。

这不禁让人想起2009年颁布的《通用规范汉字表》征求意见稿。当时对一些汉字做了"整形手术",制定了横变提、竖变撇等笔形规则,使很多常见字变形,比如"琴"字上左部最后一笔横变提,"亲""杀"等字下部件的竖钩变竖。但这些"整形"实际用处不大,且在推广过程中可能会耗费巨大成本。

新公布的字表中,这份"整形"附表被取消。这一增一减,充分显示出制定者对人民群众实际文化需求的尊重。

语言文字,本来就是人们约定俗成的书写符号,不可能一成不变。现代汉语规范汉字所依赖的普通话,至今仍在不断地吸收古代和方言的语言成分。有些本已"死亡"的汉字,作为特殊用字在现代汉语中又焕发出"第二春",少了这些特殊用字,就难以满足日常表达的需要,它们理应属于规范汉字的一部分。新字表为这些汉字"正名",正是对语言发展规律的顺应。

汉字的使用,自古就有一定的规范。如今随着数码时代的发展,汉字书写却越来越"失范",提笔忘字、别字连篇的现象层出不穷。然而,忘掉的字通过训练可以"捡"回来,但如果连规范字的标准都不清不楚,那就不能怪人张冠李戴、以讹传讹了。好在新字表重新确立了一套汉字的规范用法。

古人说,"礼失而求诸野",文化规范的制定,本来就不应该只问策于"高端洋气"的高谈阔论,更应该取计于接地气的街谈巷议。这次新字表的大受欢迎,也给其他文化规范的制定者们提了个醒:不妨到人民群众中去调查调查,接接地气,那里有文化发展最深厚的沃土!

新闻背景：汉字规范路径图

2013年8月27日　新华网

新华网北京8月27日电（记者 孙铁翔、吴晶） 历时10年制定的《通用规范汉字表》日前公布，经过规范整理的汉字，以全新形象亮相。

新中国成立以来，我国相继发布了多项汉字规范，然而随着经济社会和文化教育事业的快速发展，时代对汉字的规范化、标准化、信息化提出了新的更高的要求，这些标准已经不能满足现实生活的需要。近年来，随着经济社会的发展，社会用字量不断扩大，原来字表的收字量明显不足，一些常用字也需要重新遴选，一些网络用字亟须规范，汉语的国际教育和国际应用也需要建立切合时代发展的汉字规范。

2000年10月，《中华人民共和国国家通用语言文字法》在宪法的基础上首次确立了普通话和规范汉字作为国家通用语言文字的法律地位。

2001年4月，《通用规范汉字表》正式立项研制。该表是在整合《第一批异体字整理表》（1955年）、《简化字总表》（1986年）、《现代汉语常用字表》（1988年）、《现代汉语通用字表》（1988年）的基础上制定。一、二级字表通过语料库统计和人工干预方法，主要依据字的使用度进行定量、收字和分级。三级字表主要通过向有关部门和群众征集用字等方法，收录音义俱全且有一定使用度的字。

2009年8月，历时8年研制的《通用规范汉字表》面向社会公开征求意见，共征集到3141件意见建议。

2013年8月，国务院发布关于公布《通用规范汉字表》的通知，国务院同意教育部、国家语言文字工作委员会组织制定的《通用规范汉字表》。《通用规范汉字表》共收录汉字8105个，分为三级。

《通用规范汉字表》公布后，社会一般应用领域的汉字使用应以《通用规范汉字表》为准，原有相关字表停止使用。

《通用规范汉字表》今天正式发布
网络怪字没有纳入其中

2013年8月27日　中央电视台

由教育部、国家语委历时12年修改了90多稿制定的《通用规范汉字表》今天正式对外发布。

《通用规范汉字表》共收录汉字8105个，按照字的常用等级把它们划分为三级。一级字表为常用字，收字3500个，主要满足基础教育和文化普及的基础用字需要。二级字表收字3000个，常用度仅次于一级字。一、二级字表可以满足出版印刷、辞书编纂等方面的需要。三级字表收字1605个，是姓氏人名、地名、科学技术术语和中小学语文教材文言文用字中比较通用的字。

随着网络的发展，一些网络语言也随之而来，由于一些网络用字没有固定含义，所表达的意思也可以用现有的传承字来替代。所以这次《通用规范汉字表》只是把网络上有用的字收录进来，一些网络怪字没有纳入其中。

《通用规范汉字表》研制组组长王宁表示说："希望大家、建议大家来用规范字，不建议大家用一些怪字和自造字，但是那样的一些字本身它的存在，如果到了一定时候，它已经有了普遍性，有了明确的写法、明确的意义，在将来，也许它能够上升为规范字。"

此次收录的姓氏、人名字共651个，由于在第二代身份证中有不少是自造字,使得8000多个字在国际编码中都无法查到。为此,《通用规范汉字表》收入的人名姓氏必须要有三代人和数万人以上使用才可以。如有美好寓意的双吉"喆"字这次就被收录进来,但是并不是具有美好寓意的字都能够进入《通用规范汉字表》,如民俗字双喜,这次就没有纳入其中。此次收到字表中的404个地名用字,来自全国乡镇以上的地名,以及一些著名的旅游胜地和名人故居。《通用规范汉字表》在研制的过程中与新课标进行了对接,义务教育的小学和初中阶段学生只需要掌握一级字表中3500个常用字就可以了。为了维护汉字的基本稳定,此次通过反复征询多方面专家的意见,并与港澳台学者和对外汉语教师交换看法,权衡利弊以后在这次字表中没有恢复一个繁体字。

《通用规范汉字表》公布

2013年8月27日 中国教育电视台

今天上午，记者在教育部新闻发布会上了解到，2013年8月19日，国务院发布了关于公布《通用规范汉字表》的通知，这是继1986年国务院批准重新发布《简化汉字总表》后的又一重大汉字规范，那么这次发布的《通用规范汉字表》有哪些新的变化呢，来看报道。

本台记者熊皇："上午10点，教育部举行了第四场的新学年新闻发布会，介绍了《通用规范汉字表》的有关情况。而就在上周一，国家刚刚发布了研制达10年之久的《通用规范汉字表》，这意味着规范汉字这一法律概念，落到了实处。"

教育部语言文字信息管理司司长张浩明："《通用规范汉字表》是继1986年国家批准重新发布《简化字总表》后的又一重大汉字规范，是对50多年来汉字规范整合优化后的最新成果。"

依据规定，《通用规范汉字表》公布后，社会一般应用领域的汉字使用，应以《通用规范汉字表》为准。据了解，该表分为三级，主表共收入8105字，其中，一级字表为常用字表，收字3500个，主要满足基础教育和文化普及的基本用字需要，也可以作为义务教育阶段的识字标准。

教育部语言文字信息管理司司长张浩明："二级字表收字3000个，常用度仅次于一级字，一、二级字合计6500字，主要满足出版印刷、信息处理等方面和社会生活一般用字需要。三级字表收字1605个，是人名地名、科学技术术语和中小学语文教材文言文中未进入一、二级字表较通用的字，主要满足与大众生活密切相关的专门领域的用字需要。"

据了解，该表将《第一批异体字整理表》中的皙、喆、淼等45个异体字调整为规范字。此外，附录有《规范字与繁体字、异体字对照表》《〈通用规范汉字表〉笔画检字表》，还将根据语言生活的发展变化和实际需要，适时进行必要的补充和调整。

网络用字急需规范　专家呼吁使用规范汉字

2013 年 8 月 27 日　中国教育电视台

那么针对计算机网络的普及，"提笔忘字""倒插笔"等书写问题越来越普遍的现象，发布会上专家呼吁大家要使用规范的汉字。

自造字、古汉字、港台字形等纷纷涌进网络，会上教育部官员表示，制定公布《通用规范汉字表》的原因之一，就是网络用字急需规范。

《通用规范汉字表》研制组组长王宁："网络用字是非常混乱的，现在还有很多比如囧，像这样一些字，这些字我们实际上是不赞成的，因为这些字它没有固定的意义，也不是我们的传承字，这些字所表达的一些意思，实际上我们用我们的传承字，和我们已有的字是完全可以把它替代下来的。"

王宁表示，网络用字的盛行无法制止，但是希望大家用规范汉字。

《通用规范汉字表》研制组组长王宁："希望大家建议大家来用规范字，不建议大家用一些怪字和自造字，但是那样的一些字本身它的存在，如果到了一定的时候，它已经有了普遍性了，并且有了明确的意义，有了明确的写法，明确的意义，那么在将来也许它能够上升为规范字，但现在我们还不认为那些字是规范字。"

《通用规范汉字表》收字 8105 个
汉字有了哪些新规矩

2013 年 8 月 28 日 《人民日报》

8月27日，教育部召开新闻发布会，对日前国务院发布的《通用规范汉字表》进行解读。《通用规范汉字表》是对50余年来汉字规范整合优化后的最新成果，无论是对老百姓的日常生活，还是对提升国家通用语言文字的规范化、标准化水平，促进国家经济社会和文化教育事业发展，都具有重要意义。

"喆""堃"等姓名高频字"转正"

《通用规范汉字表》收字8105个，分为三级。一级字表为常用字集，收字3500个，主要满足基础教育和文化普及的基本用字需要，例如"人、计、辉、稻、罐"；二级字表收字3000个，常用度仅次于一级字，例如"芊、疠、沂、铂、饕"。一、二级字表合计6500字，主要满足出版印刷、辞书编纂和信息处理等方面的一般用字需要。

三级字表收字1605个，是姓氏人名、地名、科学技术术语和中小学语文教材文言文用字中未进入一、二级字表的较通用的字，例如"闫、玟、婳、喆、琲"，主要满足信息化时代与大众生活密切相关的专门领域的用字需要。

新中国成立以来，我国相继发布了多项重要的汉字规范，但随着时代发展，旧有标准已不能满足现实需要。一些名字中的生僻字，让人们在电脑录入、户籍管理、办理登机时挠头不已，急需一部规范汉字表来加以规范。新字表中，原先一些字典查不到、电脑打不出的生僻人名、地名用字，现在被"验明正身"，从异体字的"黑户"中被拉了出来，有了合法地位，科技新名词、新术语也都有了专用字。

专家还指出，与"规范汉字"相对应，还有"不规范的字"和"未规范字"。"不规范的字"是指已经有了规范汉字，但在现代汉语文本中却仍然去用对应它的异体字、繁体字，甚至是错讹字，如"泪"为规范字，其对应的异体字"涙"就是"不规范的字"；而"未规范字"是指尽管没被收入规范汉字表、也不对应任何一个规范字，但这些字只要不是错别字，就仍可使用。因此，大家不必担心，自己所用的字特别是姓名用字不在规范汉字表中，会被认为不规范，妨碍将来的使用。

"囧""槑"等网络流行字、异体字未入选

同时，对于一些网络用字，《通用规范汉字表》也明确了规范。近来在网络上甚为流行的"火星文"，以及"囧""槑""兲"等被赋予了新的特殊含义的网络用字被排斥在《通用规范汉字表》之外。

《通用规范汉字表》研制组组长王宁表示，网络用字比较混乱，不赞成人们使用"囧"等，这些字不是传承字，在文字意义上，实际上可以通过其他规范字来替代。"网络盛行不可能去制止，但仍然建议大家用规范字，不建议大家用怪字和自造字。如果到了一定时候，有明确的写法和意义，将来也许会上升为规范字。"王宁说。

值得注意的是，此次《通用规范汉字表》没有恢复一个繁体字。近年来，汉字简繁问题在社会上有所议论，但这个问题十分复杂，影响到国计民生，牵涉诸多领域，海外华人和国际社会也十分关注。教育部语言文字信息管理司司长张浩明表示，从汉字发展的历史看，简化一直是主要趋势,简化字推行半个多世纪以来,方便了几代人的认字写字,人们已经习惯了使用简化字,简化字的国际声誉也在逐渐提升。"经反复征询多方面专家意见,并与港澳台地区学者和海外从事汉语教学的学者、教师交换看法,权衡利弊,这次在字表中没有恢复一个繁体字。"张浩明说。

一级字表列出的 3500 个常用字基本能满足需求

对列入一级字表的 3500 个字,很多人会有"是否够用"的疑问。对此,北京语言大学党委书记李宇明举例说,孙中山的《三民主义》用了 2134 个字,老舍的《骆驼祥子》用了 2413 个字,《毛泽东选集》一到五卷用了 3136 个字。所以,3500 个一级字就满足基础教育和文化普及的需要而言,理论上应该问题不大。据悉,基础教育领域将以《通用规范汉字表》一级字表列出的 3500 个常用汉字作为义务教育阶段的识字标准,按学段合理安排识字教学。

另外,《通用规范汉字表》还有两个附表,分别是《规范字与繁体字、异体字对照表》和《〈通用规范汉字表〉笔画检字表》,这两个字表也别有用途。"附表对于中小学生了解古代文化、港澳台地区以及海外华人社会的交流都有指导意义。"李宇明说。

《通用规范汉字表》研制工作自 2001 年启动,历时 10 余年。《通用规范汉字表》公布后,社会一般应用领域的汉字使用应以此表为准,原有相关字表停止使用。

《通用规范汉字表》定义"规范汉字"

2013年8月28日 《光明日报》

"这次《通用规范汉字表》的发布,使'规范汉字'这 法律概念落到实处,明确告知表内列举的8105个汉字就是国家规定的通用规范汉字。"27日,教育部召开新闻发布会介绍《通用规范汉字表》相关情况。

《通用规范汉字表》收字8105个,通过对以往汉字规范的整合、优化,调适已有各规范之间相互矛盾之处,用一个字表覆盖了以往多个字表的功能。《通用规范汉字表》虽没有恢复一个繁体字,但梳理了汉字的简繁、正异关系,以附表形式呈现了规范字与繁体字、异体字之间的对应关系,方便海峡两岸及港澳地区信息交流和海外华人的汉字应用。

教育部语言文字信息管理司司长张浩明介绍,《通用规范汉字表》分为三级,一级字表为常用字集,收字3500个,主要满足基础教育和义化普及的基本用字需要,也可以作为义务教育阶段的识字标准。二级字表收字3000个,常用度仅次于一级字。一、二级字表合计6500字,主要满足出版印刷、辞书编纂和信息处理等方面的一般用字需要。三级字表收字1605个,是姓氏人名、地名、科学技术术语和中小学语文教材文言文用字中未进入一、二级字表的较通用的字,主要满足信息化时代与大众生活密切相关的专门领域的用字需要。《通用规范汉字表》还有两个附表,分别是《规范字与繁体字、异体字对照表》和《〈通用规范汉字表〉笔画检字表》。

"社会语言生活永远处于变动之中,规范可以在一个适当长的时期内起作用,但也必须不断改进和完善,《通用规范汉字表》的定期修订是绝对必要的。"《通用规范汉字表》研制组组长、北京师范大学教授王宁表示。

一级字表与《现代汉语常用字表》有差异

《通用规范汉字表》一级字表在功能上相当于《现代汉语常用字表》,发布后将替代《现代汉语常用字表》。为保持人们已经习惯的3500个常用字的数量,《通用规范汉字表》将一级字的字量仍定为3500个,但在具体收字上与《现代汉语常用字表》有部分差异。比如,《现代汉语常用字表》中有103字未进入《通用规范汉字表》一级字表,《通用规范汉字表》一级字表中有103字是《现代汉语常用字表》未收的。

增加特殊领域用字

有一些汉字,总的使用频率不高。过去,这类字进不了《通用字表》,给使用者造成不便,现在它们被纳入三级字,就有了"规范字"的合法身份。

通过向公安部、民政部等相关部门和群众征集用字,收录了较为通用的姓氏人名用字、乡镇以上地名用字、与人民生活密切相关的科学技术术语用字和中小学教材文言文用字。

对44个汉字字形暂不调整

字表研制过程中,为实现汉字字形标准化,课题组曾按照"尊重汉字结构、考虑宋体风格、遵循统一规则"原则,对"琴"等44个汉字的字形做了微调。公开征求意见期间,社会对字形微调存在不同意见。鉴于字形微调目前未得到社会的普遍认同，加上这一问题的彻底解决涉及宋体、仿宋体、楷体、黑体等多种常用印刷字体字形的规范。为此，《通用规范汉字表》仍沿用原有的字形规范，暂不调整。

45个原异体字成为规范字

过去，"晳、瞋、㩧、蹚、溧、勠"被分别当作"晰、嗔、撅、趟、栗、戮"的异体字处理。如今，这6个字有了规范字的身份，和原来对应的"正字"有了明确分工。

另有39个异体字，它们虽然与选用字音义相同或部分相同，但又有各自的特殊用法。有的经常出现在人名中，如喆（哲）、堃（坤）、淼（渺）、犇（奔）、昇（升）、陞（升）、甦（苏）、迺（乃）；有的出现在地名、科技术语及其他特殊场合，如鉅（巨）、菉（绿）、椀（碗）、袷（夹）、脩（修）。可是因为它们的异体字身份，会经常遭遇电脑打不出的尴尬，现在，《通用规范汉字表》规定它们在用于姓氏人名、地名、科技术语等特殊场合时视为规范字，矛盾迎刃而解。

《义务教育语文课程常用字表》采用一级字表

《通用规范汉字表》为义务教育阶段汉字教学标准的制定提供了科学依据。《义务教育语文课程常用字表》采用了一级字表，又根据小学和初中不同阶段的特点，将3500常用字分成两个部分，分别安排在语文学习的不同时期，有利于将识字写字教学和阅读写作教学结合起来。《识字、写字教学基本字表》在《义务教育语文课程常用字表》的基础上，选出300个构形简单、重现率高、大多数能成为其他字结构成分的常用汉字，有利于学生打好识字、写字基础，发展识字、写字能力，提高学习效率。

国务院公布《通用规范汉字表》

2013年8月28日 《中国教育报》

本报北京8月27日讯(记者 梁杰)记者从教育部今天召开的新闻发布会上获悉,由教育部、国家语言文字工作委员会组织制定,历时10年研制的《通用规范汉字表》日前由国务院正式公布,该表是继1986年国务院批准重新发布《简化字总表》后的又一重大汉字规范,是新中国成立以来汉字规范的总结、继承和提升,也是信息化时代汉字规范的新起点和新发展。新的《通用规范汉字表》共收字8105个,其中通用字6500个,比原来的通用字表减少了500个。

《通用规范汉字表》包括主表、附表两部分。主表共收字8105个,分为三级。一级字表为常用字集,收字3500个,主要满足基础教育和文化普及的基本用字需要,也可以作为义务教育阶段的识字标准。二级字表收字3000个,常用度仅次于一级字。一、二级字表合计6500字,主要满足出版印刷、辞书编纂和信息处理等方面的一般用字需要。三级字表收字1605个,是姓氏人名、地名、科学技术术语和中小学语文教材文言文用字中未进入一、二级字表的较通用的字,主要满足信息化时代与大众生活密切相关的专门领域的用字需要。此外,为方便使用,《通用规范汉字表》还有两个附表,分别是《规范字与繁体字、异体字对照表》和《〈通用规范汉字表〉笔画检字表》。

对于通用字减少的原因,据《通用规范汉字表》研制组组长王宁介绍，一是现在选字方法更为科学，对哪些字使用频率高统计更准确；二是现在用字更规范、更集中，6500个常用字比原来的7000个字覆盖率要高。

据教育部语言文字信息管理司有关负责人介绍，该表集多个表于一体，是在整合《第一批异体字整理表》《简化字总表》《现代汉语常用字表》《现代汉语通用字表》等的基础上制定的，是用一个字表覆盖了以往多个字表。该表增收了专门领域用字，通过向公安部、民政部等相关部门和群众征集用字，收录了较为通用的姓氏人名、乡镇以上地名、与人民生活密切相关的科技术语用字和中小学教材文言文用字，尽量满足各类证件制作用字和医药、气象、环境等学科门类专业用字的需要。该表还梳理了汉字的简繁、正异关系，以附表形式呈现了规范字与繁体字、异体字之间的对应关系，方便海峡两岸及港澳地区信息交流和海外华人的汉字应用。

据王宁介绍，在研制新字表时，本着以人为本的精神，将"喆、喆、淼、堃"等45个异体字收录表中，满足了人们在人名、地名命名等方面的用字需要。同时，新字表在研制时考虑了网络用字的情况。王宁表示，目前网络用字比较混乱，不赞成人们频繁使用一些网络用字，比如"囧"，这些字是非传承用字，在文字意义上，完全可以用其他规范字替代。

据介绍，《通用规范汉字表》的研制工作自2001年4月启动，历时10多年，先后修改90余稿。社会各相关领域和语言文字学界广大专家学者共同参与，先后召开专题研讨会、鉴定会、审议会等120多次，海内外专家、学者4000多人次参与讨论，近40个主要用字单位和行业主管部门为字表提供资料并提出意见和建议。其间向社会公开征求意见，课题组对征集到的3141条意见建议进行分类整理研究，合理吸收。

《国务院关于公布〈通用规范汉字表〉的通知》指出,《通用规范汉字表》是贯彻《中华人民共和国国家通用语言文字法》,适应新形势下社会各领域汉字应用需要的重要汉字规范。制定和实施《通用规范汉字表》,对提升国家通用语言文字的规范化、标准化、信息化水平,促进国家经济社会和文化教育事业发展具有重要意义。《通用规范汉字表》公布后,社会一般应用领域的汉字使用应以《通用规范汉字表》为准,原有相关字表停止使用。

汉字，你用对了吗？

2013年8月28日 《中国教育报》

给孩子上户口，发现姓名在计算机中查不到；使用药品、化妆品，发现有些字不认识；各地中小学生使用不同版本的语文课本，跨地区的识字标准不一样……这些大众生活中常见的现象，都关系到规范汉字的使用。

27日，国家语委、教育部邀请权威专家，就近日公布的《通用规范汉字表》进行解读，指导百姓生活中的规范用字。

异体字"转正"：姓氏用字尽量收全

"我的姓名终于转正，以后登机牌不用盖章了。"《通用规范汉字表》发布后，很多姓名中带有"昇、喆、堃、淼、皙"等字的网友纷纷在网上留言。

近年来，人名用字比较混乱，出现很多字典查不到、电脑打不出的异体字。有些姓名用字在7万余字的国际编码字符集中都难以找到，致使第二代身份证的制作产生很大困难。

《通用规范汉字表》公布后，"閆"等226个类推简化字和"昇、喆、堃、淼、皙"等45个异体字被收录其中。

字表研制组组长王宁说，此次制定《通用规范汉字表》尽量将姓氏用字收全，并在已有的人名用字中选择一些适合于起名的汉字进行规范，可以保证个人姓名有效地在社会上流通。

据了解,《通用规范汉字表》收纳的姓氏人名用字主要来源于1982年全国人口普查18省市抽样统计姓氏人名用字、公安部提供的姓氏用字及部分人名用字、群众提供的姓氏人名用字、一些古代姓氏用字和有影响的古代人名用字。

王宁强调,能够收进去的姓氏用字至少要沿用三代,目前的姓氏人名用字的资料和字集选用适应一般的需要已足够,但难以囊括每个人、每个领域和时间的应用。没有被收入规范汉字表的字包括不规范字和未规范字,有些姓氏人名使用的字已经不到1%的覆盖率,如果可以持续使用,字表再进行修改时还可以收进来。

据悉,一些旧的姓名用字虽然不在规范汉字表内,但仍可以使用,将由公安部做出进一步规定。

自造字"被拒":网络字生僻字有取有舍

近年来网上大热的"囧"字,没有被收录进《通用规范汉字表》。王宁表示,现在网络用字十分混乱,类似"囧"字这样的字没有固定意义,不是传承字,并且可以由其他字词来取代,因此我们不赞成将其收录。

"网络盛行不可能去制止,但仍然建议大家用规范字,不建议大家用怪字和自造字,如果到了一定时候,有明确的写法和明确意义,在将来也许会上升为规范字。"王宁说。

与此相反,一些地名中的生僻字被收录进表,如广西某地地名中的"沥"字。

"此次中国地图上出现的乡级名称用字已全部收录,网络上的地图都可以找到每个乡的对应名称。"王宁说,在收录和筛选过程中,民政部相关机构和《现代汉语词典》编纂机构都协助展开调查,通过电话联系乡镇,询问相应地名,今后民众寄送包裹快递,或者使用网络搜索都会更加通畅。

此外，很多记录化学元素符号的科学技术用语的用字也被收录。

王宁说，目前人们在药品、化妆品、农药、化肥、室内装修、饮食健康讲解等日常生活中接触到的化学元素符号多达 114 个，涉及 100 多个专业，这些字必须到特殊领域去收集。

常用字集 3500 字：小学初中生识字有标准

"中国"这个词语的"中"和"国"字，在成人的日常用语中广泛出现，而在儿童用语中却并不如此。针对类似情况，《通用规范汉字表》考虑了 2011 版义务教育课程标准的相关用字要求，在一级字表的常用字集中收字 3500 个，发布后将替代《现代汉语常用字表》，可作为义务教育阶段的识字标准，也可以给各地区差异化的识字写字教学提供评估依据。

通过比对可以看出，《现代汉语常用字表》中有"芍""焙""膳"等 103 个字未被列入《通用规范汉字表》的一级字表；而《现代汉语常用字表》中未收录的"弘""丫""汝"等 103 个字被新增入《通用规范汉字表》一级字表。

北京语言大学党委书记李宇明说，一级字表的筛选是在中国国家语言资源监测与研究中心总字次达到 7 亿的媒体语料库基础上进行的。针对义务教育阶段课程，有关专家也遴选了一些古今书籍和文章进行汉字覆盖率比较，如十三经共覆盖 6544 个汉字，孙中山的《三民主义》2134 个，老舍的《骆驼祥子》2423 个，《毛泽东选集》(1—5 卷) 3136 个等。

此外，《通用规范汉字表》在三级字表中收录 357 个字用于文言文用字。

李宇明指出，我国在国家语料库基础上建立中小学语义教材文言文和普及性文言文语料库，收录了 1949 年到 2008 年各种教育版本里的文言文，从中筛选出357个文言文用字，我们还参考香港、台湾等地的教材情况，统计过四库全书等古籍的用字情况，这357个字应该能满足中小学文言文的用字情况。

《通用规范汉字表》配套字典及解读出版

2013年08月29日　新华社

新华网北京8月29日电（记者璩静、王帅）《通用规范汉字表》日前由国务院发布。记者29日获悉，由教育部语言文字信息管理司策划并委托编写的《通用规范汉字字典》和《〈通用规范汉字表〉解读》已由商务印书馆出版。

字典从字量、字用、字序、字形、字音等各方面都反映了国家语言文字最新标准，收录《通用规范汉字表》全部8105字：其中一级汉字3500个，满足基础教育和文化普及层面的用字需要；二级汉字3000个，使用度仅次于一级字；一、二级字共6500个，满足出版印刷、辞书编纂、信息处理等方面的一般用字需要；三级汉字1605个，满足与大众生活密切相关的专门领域用字需要。此外，商务印书馆还同期推出了《〈通用规范汉字表〉解读》。

出版方介绍，字典编纂始于2008年，由《通用规范汉字表》研制组组长、北京师范大学教授王宁任主编，研制组主要成员参加编写。

《通用规范汉字表》能否"规范"起名？

2013年8月29日　中国新闻社

教育部27日公布《通用规范汉字表》。相关负责人透露，在二代身份证普查时，公安部发现人名中有8000多个字在任何字典都查不到，为避免这一情况，新户籍法也有望对人名用字进行规范。（8月28日《北京晨报》）

张贵峰：仅仅简单生硬地依靠《字表》来"规范人名用字"，乃完全建立在强制性技术规范上，并不十分现实。一方面，依据《民法通则》，"公民享有姓名权，有权决定、使用和依照规定改变自己的姓"；另一方面，避免"生僻自造字"，也无助于避免重名的问题。

涂启智：但在任何字典里都查不到的姓名用字，除了自娱自乐孤芳自赏之外，并没有多大的实际意义，更不会对语言文字发展带来什么贡献。

张贵峰：相比"使用生僻或自造字"起名，重名率高是更为普遍的问题。如在"中国重名最多的50个姓名"中，排名第一的"张伟"，重名数量接近30万人。如此庞大数量和高概率的"重名"，公民姓名原本应具有的"区别、辨识"功能势必会大大弱化，同时也会妨碍相应的公共管理效率。

马方：新《字表》旨在提升国家通用语言文字的规范化、标准化、信息化水平，这对提高国民的汉字运用水平具有重要意义。不过，该表只解决了怎样把汉字写正确的问题，而如何激发社会手写汉字的热情和能力，却是更需要求解的现实命题。

《通用规范汉字表》发布
相关出版物跟进推出

2013年9月2日 《中国教育报》

由教育部、国家语言文字工作委员会历时10年研制的《通用规范汉字表》日前发布。为配合《通用规范汉字表》的实施,多家出版社及时推出了相关出版物。

商务印书馆日前出版了由教育部语言文字信息管理司策划并委托编写的《通用规范汉字字典》和《〈通用规范汉字表〉解读》,以解读《字表》,指导规范汉字的使用。

《通用规范汉字字典》由《通用规范汉字表》研制组组长、北京师范大学王宁教授任主编,研制组主要成员参加编写,著名辞书专家、教育部语用所曹先擢教授担任顾问。该字典收录了《通用规范汉字表》全部的8105字。从字量、字用、字序、字形、字音等各方面反映了国家语言文字方面的最新标准。此外,该字典重点提示了《字表》与之前各种规范的差异、介绍了有关繁体字、异体字的最新调整和说明,对使用《字表》有非常重要的指导作用。

商务印书馆还同期推出了《〈通用规范汉字表〉解读》一书。全书分总论、分级与收字、简繁关系、正异关系、字形问题、编排形式、字表效力七个方面,介绍了字表研制的意义和必要性、研制的过程、原则及字表的总体特点,字表与原《现代汉语通用字表》《现代汉语常用字表》的差异等。不仅是对《字表》的详细解读，也可以作为《字表》的使用指南。

人民出版社也推出了《〈通用规范汉字表〉使用手册》。该手册由第十届全国人大常委会副委员长、著名语言学家许嘉璐任首席顾问，《通用规范汉字表》专家组组长曹先擢与柳斌、傅永和、仲哲明、朱新均等著名语言学家担任顾问，由《现代汉语规范词典》和《现代汉语规范字典》主编、国家语委咨询委员李行健担任主编，由长期参与组织《通用规范汉字表》研制工作的教育部语言文字信息管理司原副司长王铁琨和教育部语言文字应用研究所原副所长季恒铨担任副主编，集中国家语言文字工作委员会规范词典编写组十余位专家编写而成。

手册的正文按《通用规范汉字表》分为一级字表(1—3500)、二级字表(3501—6500)和三级字表(6501—8105)，每字后标注出读音、笔画数、所属部首等基本信息，并简明释义，概括说明其基本义或常用义。此外，本手册还对字表中收列的字际关系复杂容易用错的字予以特别提示，指出其使用时应注意的事项。

第四部分　学者文章

汉字规范的历史回顾

曹先擢

《通用规范汉字表》发布了，这个字表的发布是及时的，将在汉字的应用上发挥积极的作用。这里简要回顾一下汉字规范的历史，主要谈四个问题：汉字规范的重要性、汉字规范的时代性、汉字规范的形式、如何做好汉字的规范工作。

一、汉字规范的重要性

什么是规范？叶圣陶说规范就是标准。汉字是交流信息的工具，交流的双方必须要有一个共同的标准，才能发挥字的交流功能。这种标准其共同性的程度，开始是很低的，可以满足较小范围内使用的要求，字的使用范围越大，标准化程度的要求也就越高。现在汉字的使用范围大大增大了，其规范的要求变得非常重要。改革开放以来国家语言文字部门发布了多种规范，满足了社会的需求、教育的需求、计算机用字的需求。这次的《通用规范汉字表》由国务院批准公布，其重要作用是自不待言的。

二、汉字规范的时代性

汉字规范总是打上深深的时代烙印。这里举三个例子。进入战国时代，用许慎的话说："诸侯力政，不统于王，恶礼乐之害己，而皆去其典籍。分为七国，田畴异亩，车涂异轨，律令异法，衣冠异制，言语异声，文字异形。"于是在秦统一后就有了"书同文"之举，用小篆统一天下的文字。秦始皇统一中国后发布的篆文诏版："廿六年皇帝尽并兼天下诸侯，黔首大安，立号为皇帝，乃诏丞相状、绾，法度量，则不壹，歉疑者皆明壹之。"秦辖天下36郡，如果维持以前的"文字异形"的局面，诏版内容就难以发布到天下36郡，可见统一文字的重要性。

历史发展到唐代又出现了新的文字异形，因为经过"隶变"，文字出现了各种异体，在唐初出现了"字样书"。颜师古著《字样》，"样"指形状、式样。字样就是字形汇集，后来出现了许多同类的书。字样把不同字形的字，分门别类，概括为三类：俗、通、正，它们用于不同的场合，"俗"用于文案、券契、药方；"通"用于表奏、牋启、尺牍；"正"用于著述、对策、碑碣。

历史发展到近代，在新中国成立后，为了大力发展经济、科技，把教育普及到大众，到农村，这就需要汉字便学，特别是便于儿童、工农学习，因此推行了汉字简化，以及其他配套的规范。

三、汉字规范的形式

规范的形式有两种：1. 自下而上，是自发的，即荀子说的"名固无宜，约定俗成谓之宜"，先秦"名"既指名称，也指字，所谓"百名以上书于策"。自发的规范在古文字里就存在，在历史发展中内容不断丰富。2. 自上而下的，有多次，大的有两次，大家所熟悉的秦始皇的"书同文"，另一次是唐玄宗。汉字的发展自公元前二世纪开始了"隶变"，到八世纪，经一千年，楷书已成为社会用字的主流，"严格意义上的方块（字）或称狭义的方块（字），到唐楷才算形成"（齐冲天，见《汉字文化大观》）。唐兰说："中国文字史第一次同文字是秦时的小篆，结果失败了。这第二次定隶书（即现在所谓楷书）却成功了。"（唐兰，见《中国文字学》19页）我们对这两次"书同文"分析时要考虑两个方面：1. 对社会发展的影响；2. 对文字发展的影响。秦始皇的

"书同文"对社会发展影响是巨大的。秦始皇废除分封制,实现中央集权的郡县制,实现了大统一,如果没有"书同文"是难以实现这个大改革的。然而从汉字的发展看,小篆是一种过渡文字,到汉代隶书逐渐流行。唐先生正是在这个意义上说秦时的"书同文"失败了。不过换一个角度来看,我们看到小篆的文字系统保留在《说文解字》里,是后代分析汉字的重要依据,所以其规范作用仍是不应忽视的。唐玄宗废古文,把《开元文字音义》以外的称作"野文",他推进了楷书的发展,但其社会历史影响是不可与秦始皇的"书同文"相比的。

四、如何做好汉字的规范工作

(一)符合历史社会的发展需要。我们的简化汉字就是根据历史发展的需要提出来的。而进入20世纪80年代信息革命提出来了,要解决电脑上汉字的应用问题,1981年国家标准局公布了《信息交换用汉字编码字符集·基本集》编号为GB2312—80,顾小凤说"GB2312—80制定在汉字信息化的处理中有着不可磨灭的功绩"(《汉字与计算机》,语文出版社)。1986年《美国新闻周刊》说"古老的文字和硅世界的奇特的结合,将给亚洲的经济和文化生活结构带来巨大的变化"。

(二)做好调查研究,特别是要听取大众的意见。这点是我们新中国语言文字规范制定的一个老传统,这次又一次体现了这个传统,除了专题讨论会等举行了120余次,还发布公告向全社会公开征求意见。

(三)充分认识汉字的性质和特点,要处理好规范和应用的关系。为了满足社会需要,字表收了一些必要的地名、姓氏人名、科技用字等。

(四)处理好人机界面和人际界面的关系,要注意二者的结合,但是不可忽视人们应用上的需要和便利。

(曹先擢,《通用规范汉字表》专家委员会主任委员,
国家语委咨询委员会委员)

谈信息时代的汉字规范

——《通用规范汉字表》的制定与应用

王 宁

信息时代是汉字规范更为迫切的时代

我国现代汉字规范工作酝酿于20世纪初期，新中国成立后，在一些领导人的亲自倡导下，这项事业由学术层面转为国家行为，20世纪50年代以来的汉字规范政策，重要的是由国务院直接发布的，一般或补充性质的，也是在国务院批转的情况下，由文化、教育、出版或语言文字主管部门单独或联合发布的。这些文件的发布和半个世纪的贯彻实践，为我国人民的语言文字生活注入了新的内容，形成了全国人民尤其是语言文字工作者牢不可破的规范意识和遵循规范的用字习惯，减少了各个领域使用汉字的难度，对文化、教育、出版和科技的发展，起到了无形地重要推动作用。试想一下，在幅员辽阔、人口众多的中国，政治经济如此统一的情况下，如果没有通用层面的汉字规范，仅仅是国家政令和基础教育这两项，书写不一的汉字将要带给人们多少麻烦，就可以知道"规范"二字具有多大的分量了！

1979年以来，国家改革开放，国情发生了巨大变化，中国正在实施的创新型国家的伟大战略中，文化教育与科技的进步成为实现这一目标的重要支撑。接着，在20—21世纪之交，信息革命席卷全球，信息时代悄然而至。20—21世纪之交，世界经历了一场革命性的变化，在全球展开的信息和信息技术革命导致了信息社会在全球的实现。

信息革命的主要特点不仅是在生产活动中引入了信息处理技术，从而使生产自动化达到一个新的水平；更重要的是，电讯与计算机系统合而为一，可以在几秒钟内将信息传递到全世界的任何地方，信息和信息工具成为一切活动的积极参与者与原动力，甚至参与了人类的认知活动和发明活动。知识——一种精神活动正在以系统的方式被应用于变革物质资源，改变生产过程，成为一种生产力。这种革命通过改变社会的通信和传播结构而催生出一个新时代、新社会。就在这一系列的巨大变革中，汉字成功地进入计算机，成为在网络上直接传播汉语信息的重要载体。一个世纪以来的汉字行废之争圆满地画了一个句号，汉字——一种六千余年不间断地发展至今的最典型的表意文字，今后还会在高科技的支持下长存，不但要为今日之中国走向世界发挥巨大的作用，而且要为弘扬中华民族悠久的历史文化遗产写出新的篇章。

信息时代发展政治、经济、文化的重要条件，是及时和准确地传播和获得必要的信息。信息在网络上传播，达到了前所未有的高速度、远距离和高度的社会化。在这种情况下，汉字规范化的必要性更为凸显——只有汉字这种传播载体的标准化，才能保证信息传播的速度和信度。但是，上世纪50年代以来陆续制定的多个汉字规范的文件，指导思想不完全相同，研制手段互有差别，使这些规范缺乏内部的一致性，再加上由于政治、经济、文化、教育的发展，社会用字情况有不小变化，过去的规范对当下语言生活的适应性也有一些不足。因此，需要站在现代的历史高度、利用现代技术手段来考察当代用字的实际,对已有的规范进行梳理,消除其间相互抵牾之处,弥补因各种原因造成的疏漏,将一些隐性的规范显性化,增加现代语言生活的新内容,从而使已有的汉字规范得到整合、优化,为构建和谐的语言生活打下基础。

新的汉字规范具有鲜明的时代特点

这次《通用规范汉字表》的研制,是在上世纪50—80年代已有规范的基础上制定的,它是记录现代汉语的通用汉字的规范字集。在字量、字级方面有两个重要的变化:《通用规范汉字表》一、二级字表是一般通用领域的汉字,两级相加6500字,比过去7000通用字少了500字。经过多个语料库的测查,6500字对现代汉语语料的覆盖率,与过去比不但没有降低,在新闻、公文、科普等领域还略有提高。也就是说,在同样记录现代汉语文本的前提下,6500字与以前的7000字效应是相同的。这一方面说明,30年后的今天,选字所用的测查工具和统计方法更为科学,入选一般通用字的准确度更高了;另一方面,经过半个世纪的汉字规范,社会对汉字使用的自流现象得到了克服,用字更为集中。同时,《通用规范汉字表》设置了三级字表,收字1605个,总数为8105个。为什么有这样大量的增加呢? 在信息时代,汉字进入计算机,承担了在网络上传播信息的载体之后,"通用"的概念需要全面理解。通用包括两个侧面:一个是书写的侧面,也就是信息发出的层面;另一个是阅读的侧面,也就是信息接收的层面。能够进入平衡语料库的汉字,兼有这两个方面的通行度;但是也有一些汉字,书写的频度并不高而阅读的概率却很高。主要包括以下四个领域的用字:

科技用字。由于科学技术的发展和教育水平的提高，很多科学技术的用语快速进入人民的日常生活。仅仅拿记录化学元素符号的汉字来说，它们很多要用在药品名上，当药方不再手写而用计算机输录时，这些字就不断地出现在病人的病历上，成为病人和病人家属必读的字。农药、化肥、室内装修材料也有不少是要用它们的学名来宣传、普及的。至于化妆品、清洁剂的使用，饮食健康的讲解，气象的采集和预报等等，一旦进入科学普及领域和基础教育的教科书，都会被民众普遍关注。

地名用字。地名用字的使用范围在信息不发达的社会往往不是全国所有地区通行的，仅仅属于当地居民的常用字；而在信息社会，户籍、邮政、信贷、金融等行业的信息贮存和检索已经数字化，任何一个地名，起码是乡以上的地名，都会随着信息向全国甚至全世界的辐射而被各处使用。由于民族和方言发音的分歧，经常会产生一些任意造的转语字（即当地人根据方音自造的形声字）造成的用字混乱，会给有关行业特别是当地民众带来信息的错乱和阻塞，有些后果不堪设想。

姓氏人名用字。中国是一个多民族的国家，姓氏不但记录着民族和血缘关系，还成为每个公民的称谓符号。这些姓氏数量有限，但是必须正确使用，才能保证信息的信度。至于名字所用的汉字，现在已经相当混乱，有些名字的用字甚至在已经扩充到7万余字的国际编码中都难以找到，致使第二代身份证的制作由于姓名用字不全产生很大的困难。新的规范汉字表无法改变过去的那种姓名用字混乱的事实；而且由于通用度的限制，也不能收入全部的姓氏、人名用字，但是可以学习一些先行国家的经验，选择较为普遍的姓氏用字和适合起名字的人名用字进行规范，对个人姓名在社会上有效的流通起到一定的作用。

基础教育文言用字。规范汉字主要是书写现代汉语文本的，但是，历史和现代不是绝缘的，现代文本中会引用文言作品，中小学语文教材中也都会收一部分优秀的文言作品。前者可以在一般的平衡语料库中收集到，而为了保证教材印刷的规范，需要在语文教材中专门收集文言文的用字。

以上四个专门领域的用字对信息传播影响很大，几乎涉及千家万户，但是，这些汉字在平衡语料库里按照一般用字的覆盖率是搜集不到的。为满足计算机普遍运用、科技发展和社会交际的需要，《通用规范汉字表》需要在特殊领域准确撷取，设置三级字表，补充这四个专门领域的用字。

《通用规范汉字表》既遵循科学性又体现社会性

《通用规范汉字表》从立项到公开发布经历了十二个年头，所以需要这么长的时间，是为了尽量保持它的科学性，体现它的社会性。科学性指汉字本身存在和发展的客观规律，但汉字是人文符号，不是字理符号，在应用层面，人文因素要起到很大的作用，客观规律和应用需求之间，有时会存在很深的矛盾，二者之间要慎重协调，择优而行。

这次制定新的规范，要调整过去不同时期所做的规范中处理不一致的地方，具体说，就是要在汉字科学的指导下，符合事实地处理好简繁字问题、正异字问题，以及新收字与原有字的关系问题。为了科学地确定汉字的通用度，统计每个汉字的覆盖率，需要借助语料库、汉字属性库等汉字信息处理的基础设施。这些都需要前期的研究成果作为支撑。而且，汉字是全社会每天都在使用着的书写符号和信息载体,在社会发展极为迅速、信息传播日日更新的情况下,许多带有动态的属性,必须观察发展过程才能确立的规律和特点,需要在一段较长的时间里,对逐年甚至逐月的汉字字频进行监测,才能做出胸有成竹的判断。21世纪汉字规范的研制,不能就事论事,也不能急功近利,要具备对汉字的理性认识。

但是,即使统计数据已经非常准确,也只是就全社会的平均数而言的。汉字是中国文化的基石,它承负着从基础教育的实施到历史文化传承等不同层次的文化发展任务,普通民众、文化高端人士和语言文字第一线的专业工作者和承担语言文字学科研究的专门家,这些不同文化层次、不同职业的人群,对汉字规范有着不同的要求。这些要求有时候很不一致。在汉字规范研制的过程中,简繁之争出现了,汉字的发展规律与使用习惯的矛盾出现了,基础教育宜稳与社会用字求变的矛盾出现了……汉字的社会性给规范的研制带来了诸多尖锐的问题。特别是,上世纪50—80年代的规范施行了半个世纪,已经为全社会特别是基础教育和文化普及层面所熟悉,已经成为一种习惯。在这种情况下,新的规范每一个变动,对使用者都需要重新学习。

而且,汉字存于现代但源于古代,既面向现代、面向世界,又承担着数千年文化典籍的重负,信息时代的汉字规范必须适应现代化的需要,也必须考虑文化的历史传承,有利于继承中华文化的精华。历史与现代、古与今的协调也是必须考虑的。

基于以上原因,这次规范将103个常用字调整到二级字表,556个通用字调整到三级字表。同时有226个已经被群众认可的类推简化字加入字表,删去了原《简化字总表》中的31个字,将原调整的26个异体字确认下来,又将45个异体字调整为规范字。这6项调整大约涉及300字/次,加上新增的字,每一个字都是查检了古今用法，调查了使用情况，一次次征求意见，字字斟酌，仔细推敲，衡量利弊后才定下来的。字表历经十二年、先后修改90余稿，海内外学者4000余人次参加研制、审查和修订，为的是择定相对优化的方案，使新的规范更加适应新形势下不同人群的多种要求，有利于多数群众学习和使用。

便于应用是《通用规范汉字表》制定的重要原则

汉字规范必须走群众路线，符合多数群众的利益，但是，规范字的范围只能是在通用层面上。有些人对规范字的"通用性"理解不够，担心自己所用的字特别是自己的姓名用字不在规范汉字表内会被称为"不规范字"，妨碍将来的使用。《通用规范汉字表》有很强的承袭性，能够覆盖过去的规范。在字量和字级方面，书写现代汉语的文本，在网络上传递必要的信息，适应国内和国际交流的需要，一般是够用了；但是，社会通用层面上的用字，并不能囊括每个人、每个领域、每段时间用字的全部，总是有些字不包括在规范汉字表中的。这里，我们要明确"规范汉字"对应着的两个不同的概念：一个是"不规范的字"。已经有了规范汉字，在通用层面上书写现代汉语文本时，仍然去用对应它的异体字或繁体字，特别是错讹字，就属于不规范字。例如：我们认定"泪"为规范字，"淚"是它的严格异体字，不应当出现在现代汉语文本中。我们规定"险""检""剑""俭"为规范字，一般不要在简化汉字文本里再出现"險""檢""劍""儉"这样的繁体字。这样做，是为了减少冗余的字形，减轻汉字识别和记忆的负担，增加信息传播的信度和速度。另一个是"未规范字"，也就是没有被收入规范汉字表中也不对应任何一个规范字的字。这些字只要不是错别字，仍然可以使用。特别是，科学的门类越来越多，新的科学术语不断产生，一些专门性较强、与群众生活没有直接关联的科技用字，不可能都收入字表，但在专门领域是可以使用的。只是，这些字对通用的现代汉语语料的覆盖率已经小于1%，一般情况下很少用到了。何况，根据《中华人民共和国通用语言文字法》，"有下列情形的，可以保留或使用繁体字、异体字：（一）文物古迹；（二）姓氏中的异体字；（三）书法、篆刻等艺术作品；（四）题词和招牌的手书字；（五）出版、教学、研究中需要使用的；（六）经国务院有关部门批准的特殊情况"。可以看出，新的汉字规范政策实施的强度和适用的宽松度是有所中和的。

规范汉字表规定了字级、字量和字形，但这是根据普遍社会应用层面来确定的，在教育、教学领域制定应用字表，既要遵循规范汉字表的规定，又不能简单截用其中的一段使用。这是因为，在一些专业领域里，会有一些其他规律在起作用。特别是，在确定基础教育识字教学的分级字表或对外汉语分级字表时，如果简单地采用按照字频来分级的做法，将会造成应用上的诸多问题。教学要遵循循序渐进的原则，由易到难，而社会普遍应用层面的字频，与汉字的难易度和构形相互依存的系统是不一致的。我们可以比较以下三种语料库中不同的字频排列。在下表中，同一个字在不同语料库里的频次比较：

汉字	中	国	年	成	分	物	体
国家语委平衡语料库频次	13	21	33	43	52	80	73
科普与教育综合语料库频次	9	26	39	24	36	18	38
适合第一学段儿童文学语料库频次	132	156	223	119	299	264	541

从上表中我们可以看到，表中的7个字，在国家语委平衡语料库和科普与教育综合语料库中的频次，相去未远，都比较靠前，而在适

合第一学段儿童文学语料库中的频次,要靠后得多。这是因为,6—8岁儿童的心理词典,与成人用词有较大的差距。事实说明,在制定课程标准时,分级字表不应当也不可能超越规范汉字表的一级(常用)字表,但是,简单按规范汉字表的频次来截取字段的办法是不可行的,正确的办法应当根据教学实际与儿童不同年龄段的心理特点,采用汉字必要的属性做参数,经过认真地科学研究,才能生成适用的应用字表。也就是说,在基础教育确定选字范围时,既要遵循《通用规范汉字表》的常用字表,又要在此范围内,根据应用的特点慎重选字和排序。

  社会语言生活永远处于变动之中,规范可以在一个适当长的时期内起作用,但也必须不断改进和完善,《通用规范汉字表》的定期修订是绝对必要的。

(王宁,北京师范大学教授,《通用规范汉字表》
专家委员会副主任委员、研制组组长)

《通用规范汉字表》与辞书编纂

江蓝生

研制达十年之久的《通用规范汉字表》由国务院批准发布了！这是与全国人民的工作生活有直接关系的一件大事，意义非同一般。

《通用规范汉字表》的发布使"规范汉字"这一法律概念落到实处。《国家通用语言文字法》第三条说："国家推广普通话，推行规范汉字。"其中"普通话"一词的概念大家都比较明确，但是"规范汉字"指的是什么，则比较模糊（一般理解为传承字加简化字，而"传承字"的概念又很笼统）；原有的几个汉字规范（如《简化字总表》《现代汉语常用字表》《现代汉语通用字表》《第一批异体字整理表》等）都没有提到"规范汉字"这一概念。这次《通用规范汉字表》的发布，使"规范汉字"这一法律概念落到实处，明确告知表内列举的8105个汉字就是国家规定的通用规范汉字，这对于《国家通用语言文字法》的进一步贯彻实施具有重要意义。

《通用规范汉字表》提供了能够满足现代社会生活和国家信息化发展的规范标准，原先一些字典查不到、电脑打不出的生僻人名、地名用字现在有了合法地位，科技新名词新术语也都有了专用字，这将会方便群众的日常生活和社会活动，也将有助于我国的社会管理事业的发展，最终有助于推动国家文化软实力的增强。

"词典是进行规范化的最重要的工具"，这句话是著名语言学家吕叔湘、罗常培先生在1955年现代汉语规范化会议上的报告中说的。我们在辞书编纂和修订工作中对此深有体会。汉字规范跟辞书尤其是汉语语文类辞书的关系密不可分，不管是字典还是词典，都要以字打头，以字统词，在字下注音注义；一部语文辞书收哪些字，不收哪些字，怎样处理繁简字、异体字之间的关系，都要以国家现行汉字规范为依据。另一方面，汉字规范的制定与贯彻也离不开辞书的实践和引导，广大群众，特别是文化教育、新闻出版、广播电视等各行各业的同志们主要是通过辞书这个工具来学习和掌握规范内容的；规范的原则、标准是否科学合理，具体的规范内容是否符合语言和社会的实际情况等，都会在辞书贯彻落实规范的过程中得到验证。由于时代和研制手段等情况的不同，20世纪50年代以来陆续制定的几个有关汉字的规范之间，偶或有相互矛盾、不够严谨之处。这次，《通用规范汉字表》利用现代技术手段对现行社会用字的实际状况与需求进行了全面系统的考察，对已有的汉字规范进行整合和优化，消除不同规范之间相互矛盾之处，弥补因各种原因造成的疏漏与缺憾，从而提高了规范的科学性，这就为辞书的编纂和修订提供了更加可靠的依据。当然，《字表》发布后也要接受社会实践的检验，及时听取群众意见，使之更趋完善。

在新中国辞书史上，有两部辞书对现代汉语规范化起了极大的作用，一部是魏建功先生主持编写的《新华字典》，另一部是吕叔湘、丁声树先生主编的《现代汉语词典》。这两部辞书规范意识很强，它们为普通话异读词的审音，为汉字的部首、笔顺、字序等规范的制定和现代汉语词汇的规范化做出了重要贡献。每当国家发布新的规范标准的时候，它们都及时跟进，例如国家1956年公布了《汉字简化方案》，《新华字典》1957年就采用了简化字；国家1957年11月1日公布了《汉语拼音修正方案》,《新华字典》于当年12月就对注音字母后面加注的汉语拼音进行了修改;国家1958年正式公布《汉语拼音方案》,《新华字典》的字头排序立即改用汉语拼音的字母顺序。长期以来,广大群众主要是以这两部辞书为工具,学习和掌握国家有关语言文字等方面的规范的。在最近几年对这两部辞书进行修订的过程中,我们修订组一直关注《通用规范汉字表》研制的进展,关注社会各界对《字表》征求意见稿所提的意见,并配合《字表》组做了一些调查研究和检验完善的工作,及时把落实《字表》规范中遇到的问题反馈给《字表》组,双方配合得非常默契。

值得一提的是,这两部辞书不仅注意贯彻国家有关语言文字的各项规范,而且,当发现以往的规范中有少数跟语言事实不尽符合或不便于群众接受使用的情况时,还本着实事求是的态度在词典中做一些变通的处理,令人欣慰的是,这些变通处理绝大多数都被后来修订的新规范所吸收。

概括地说,规范的研制应社会的需要而起,从实践中来,为应用服务;语文辞书则通过对语言事实的正确描写为规范提供依据,并通过对规范的贯彻执行引导社会遵从使用。两者相辅相成,互相借力,又互相给力。

今年暑期,我们中国社会科学院语言研究所的学者参与了国家语委和中央电视台科教频道共同举办的中国汉字听写大会的活动,这个节目引起了社会的强烈反响和极为正面的评价。这表明,当今电子阅读日益取代书籍阅读、敲击键盘日益取代汉字书写的现实引起了国人的集体思考和警觉,大家用这种方式呼唤对汉字书写的重视,呼唤对中华文化的坚守。值此《通用规范汉字表》正式发布之际,我们呼吁:国家不仅要把全民阅读列入立法计划,还应在全社会尤其是青少年中大力提倡认真学习规范汉字，正确书写和使用规范汉字的风气，爱我中华，爱我汉字，让汉字更好地传承中华优秀文化，更好地为现代社会服务。

（江蓝生，中国社会科学院文史哲学部主任，
国家语委咨询委员会委员）

《通用规范汉字表》对基础教育的重要作用

巢宗祺

从前人们说到"学文化",一个主要任务就是学习认字;说人文化程度不高,往往用"大字儿不识几个"来形容。"不识字的成年人"被称为"文盲","识字不多的成年人"则被呼作"半文盲"。"扫盲",就是指"对不识字或识字很少的成年人进行识字教育,使他们脱离文盲状态"。由此可见,"识字"是从前人们评价一个人文化程度的一个重要依据。自古以来,人们入学接受教育,都是从识字开始。如今我们国家基本普及九年义务教育,文盲会越来越少,可人们对于国民的教育状况依然很不满足,因为大家对"文化程度"已提出更高的要求。的确,今天看来,识点儿字没有什么了不起,当代的中国人要接受的教育,其内容的丰富和复杂的程度,要跟识字写字的学习相比,那后者实在是太"稀松平常"了。然而,我们还得明白,丰富和复杂内容的学习仍然需要以识字写字为基础,这基础的一步走得好,对日后"丰富"和"复杂"都会大大有利。而且,其实识字教育还真不是那么简单,即使在义务教育得到基本普及的今天,识字写字教育仍然有许多问题需要研究,怎样才能使我们的汉字教育做到投入少、效果好,这依旧是教育上的一个大课题。

有一部电视剧,里面有个角色对人说:你还会洋文?真了不起。我连中国字都还没有认全呢。这样的话并不是只有电视剧里才有,应该说,是电视剧采用了过去人民群众中习惯的说法。这种话里面隐含了一种看法:学问大的人先得把"中国字"认全了,只有这样才能念得下许多书来;所谓"中国字"大概是由若干些个字构成的封闭系统,这里面的字是一般人可以认得全的。这种看法里面包含了许多误解,如果人们知道自古以来出现的汉字累积起来有那么大的量的话,大概就不会这么说了。倘若我们每个人都先要"把中国字认全了",那么恐怕许多人一生都要耗在"认字"的学习中,别的什么都干不了,而且即便如此,真的能把中国字认全的人大概也只是一些"珍稀动物"。

不过,这种说法里面也含有一定的合理性——进行汉字教育应该有个定量的标准。在"认字"的问题上有必要考虑,对于绝大多数人来说,识字量的底线到底以多少个汉字为宜?要划定一个范围,在这范围里,一般的人得设法把字"认全"了,在这范围以外,个人可以认自己需要认的字。在基础教育语文课程中,就需要设定一个识字量的标准,否则,盲目地要求"多多益善"地认字,学生的学习成本高,负担重,而收效却很低,因为实际上有大量的汉字是一般人生活、学习和工作中用不上的。我们应该根据现代社会语言文字运用的情况,为基础教育的识字写字教学提出一个恰当的"保底"要求,使学生通过这"底线"范围内的汉字学习,都能比较顺利地阅读和写作,同时又不至于有过重的负担。

道理容易明白,然而真的要划这个范围,可并不简单,纳入这个范围的字量究竟多少为恰当,所纳入的应该是哪些字?纳入这些字的依据是什么?十年前在研制《义务教育语文课程标准(实验稿)》时,也曾想过要在《标准》里附一个"字表",作为义务教育阶段学生"识字、写字"学习要求的依据。然而要做这件事,不但工作量大，而且专业性很强，语文课程标准研制工作组这么点人无力承担。因此《义务教育语文课程标准（实验稿）》中，确定识字、写字的学习目标，就以已有的《现代汉语常用字表》作为依据，来考虑安排各个年级段的具体要求。这个字表总体上能满足识字写字教学的需要，不过有些语文老师以及教材编写者还是提出了一些对字表进行调整的建议。

《义务教育语文课程标准》开始修订之时，适逢《通用规范汉字表》研制工作初步完成，里面的"一级字表"正好可以用到课程标准中去。并且，课程标准修订工作组还请研制字表的有关专家再做进一步的工作，将用作语文课程标准附录的《义务教育语文课程常用字表》的3500个字再分成两个部分，给小学和初中阶段的汉字教育提供参考。另外，在这《义务教育语文课程常用字表》的基础上，再提炼出一个含有300个常用汉字的《识字、写字教学基本字表》，"这些字构形简单，重现率高，其中大多数能成为其他字的结构成分。先学这些字，有利于打好识字、写字的基础，有利于发展识字、写字能力，提高学习效率"。

《通用规范汉字表》的研制，以及在这字表基础上专门为义务教育语文课程标准研制的"附加产品"，对于基础教育，意义十分重大。首先是为义务教育阶段的学生确定汉字学习的范围，并在一定程度上，安排了学习汉字的顺序——先学哪些，后学哪些。这样做有利于提高识字写字教学的效率，降低学习和教学的成本。其次，吸收字表的成果，将推动汉字学习方法的改革，有利于培养学生正确的书写习惯，增强学生的书写规范意识和汉字文化意识，促进书写质量的提高。其三，在《通用规范汉字表》基础上研制的《义务教育语文课程常用字表》的第一表，很适合用作对小学生进行识字写字教学评估的依据。因此，语文课程标准吸收字表研制的成果，有利于加强汉字教育的评估，促进对识字、写字教学的质量监控。此外，我们相信，字表的公布还将会推进汉字教育方法的研究。

（巢宗祺，华东师范大学教授，国家语委咨询委员会委员，
国家基础教育课程改革语文课标组组长）

汉字规范有利于少数民族发展

戴庆厦

《通用规范汉字表》正式发布了，这是我国各民族语言生活中的一件大事。我曾多次参加《通用规范汉字表》的讨论，知道其价值所在，还知道它来之不易。该表是专家们经过10年的艰苦努力才研制成功的，是借鉴国内外文字规范的经验并汇集各方面的智慧才取得的，是科学性、实践性、群众性的结晶。下面我就汉字规范与少数民族发展的关系谈几点认识。

一、汉字规范与我国各民族的发展息息相关

我国是一个统一的多民族国家，汉语、汉字是我国各民族共同使用的语言文字。各民族在现代化建设中，都离不开汉语、汉字的使用，不同民族之间要靠汉语、汉字进行交流，互相学习，共同发展经济文化等各项事业。汉语、汉字不仅是连接古今文化、不同地区人们的纽带，而且还是疏通、加强各民族关系的工具。

一个国家的通用文字规范与否或规范水平如何，反映这个国家民族文化素质的高低。所以，各国都不同程度地重视、调整自己文字的规范。规范的汉字是传承中华文化、促进我国经济文化、科学教育发展的必要条件，也是加强各民族凝聚力的重要因素。对少数民族来说，它对民族地区各项事业的汉字使用，对少数民族日新月异的信息化生活，对现代化进程中少数民族双语生活的迅速发展，都有着重要的促进作用。

比如，少数民族地区的地名用字、人名用字等，都关系到少数民族的切身利益。如果没有统一的规范，就会给社会交流、流通造成影响。

总之，汉字规范不单是汉民族的事，而且与我国各民族的发展繁荣都有密切的关系，是全国性的行为。文字的规范是一种凝聚的力量，进步的力量，汉字规范工作做好了，有利于各民族的团结和共同进步。

二、汉字规范是搞好少数民族双语教学的必要条件

我国的国情和历史发展的趋势决定了少数民族既保持使用自己的母语又能兼用国家通用语汉语，是少数民族语言生活的最佳选择；少数民族母语与通用语汉语"两全其美、和谐共存"是我国语言生活的最好模式。随着现代化建设速度的加快，少数民族地区文化教育的发展，广大少数民族学习通用语的愿望和要求越来越高，尽快掌握好汉语、汉字已成为各少数民族的普遍要求。学习使用通用语，除了要学会使用普通话外，还要学会使用汉字。对于少数民族来说，他们学习使用汉字与汉族相比存在更多的困难，如果汉字不规范，势必增加学习、使用的难度。我到过一些民族地区，看到有些地方的布告、宣传品由于不规范给少数民族带来不便和误解。

在我国民族地区，有大批汉语文教师在勤奋地对少数民族学生进行汉语文教学。他们在教学工作中常常因汉字使用的不规范而困惑，感到无章可循。最多是查查《现代汉语词典》，但有些问题《现代汉语词典》并没有明确的界定。有了《通用规范汉字表》，广大教师就有章可依，不再犹豫不定，有了一个解决问题的依据。

当前，少数民族地区双语教学中的汉语文教学面临着教材的供不应求，需要根据不同民族语言的特点编制多种类的汉语文教材。有了《通用规范汉字表》，汉语文教材的编写就在用字上有了标准。

培养大批有汉语文功底又有民族语支持的双语教师，是民族教育工作的一项十分重要的任务。双语教师必须要有汉字规范的知识,而《通用规范汉字表》则为双语教师的培训提供了一个实用的、标准的教材。

三、汉字规范是保障民族地区信息化顺利发展的重要条件

语言文字的信息化处理,是社会经济文化发展的重要技术条件之一。近年来,在全球信息化浪潮的推动下,我国信息化工程有了快速的发展。民族地区的信息化包括:民族语言文字信息化,汉语言文字信息化,民族语言文字与汉语言文字相互联通的信息化,后二者都离不开汉字规范。有了规范汉字,信息化才有统一的文字标准,不致造成混乱。所以,《通用规范汉字表》的公布,必将为民族地区信息化的顺利发展提供重要条件。

四、汉字规范的经验是少数民族文字规范的借鉴

中国少数民族文字有30多种,都各有自己的形成历史和特点。各种文字也像汉字一样要随着社会的发展、需要进行规范。汉字有着无尽的内涵:汉字有几千年的历史,与传统的中华文化相伴而生,共同发展;汉字在广阔的中华大地上因不同地域、不同方言而有不同的变体;汉字还被少数民族和邻国用来创造自己的文字,形成丰富多彩的方块式民族文字;汉字随着历史的发展有过不断的演变。历史上,人们为了使汉字更好地满足人们的需要,曾自觉或不自觉地进行了无数次的规范,积累了丰富的汉字规范的经验。汉字规范的经验,是中国少数民族文字规范最可参照的借鉴。《通用规范汉字表》公布后,必将对少数民族文字的规范起到有力的推动作用。

汉字规范是个难事,但又是必须做的事。《通用规范汉字表》的公布,肯定会受到少数民族的热烈欢迎。

(戴庆厦,中央民族大学教授,国家语委咨询委员会委员)

《通用规范汉字表》对汉语国际传播的重要作用

陆俭明

盼望已久的《通用规范汉字表》经国务院批准,终于正式发布了。这是汉语言文字学领域的一件大事,也是国家的一件大事,意义重大。而《通用规范汉字表》的正式发布跟当前蓬勃开展的汉语国际教学更是关系密切。

国外的汉语学习者,有属于汉字文化圈的,有属于非汉字文化圈的。对属于非汉字文化圈的学生来说,汉字教学可是一个很难跨越的坎儿。非汉字文化圈的学生,由于受母语音素文字根深蒂固的影响,视一个个汉字为一幅幅神奇的图画,普遍对汉字存有神秘感;多数学生对汉字学习有一种畏惧感。目前,在非汉字文化圈国家开展汉语教学,一般都"先语后文",即先教汉语拼音,先学口语,在学生学了一些汉语口语,掌握了汉语拼音方案后,转入汉字教学。结果往往出现"低谷"现象,最后几乎70%—80%的人由于汉字难学而不再继续学习汉语。这是因为学生对汉字根本没有认识,以为就是一个个形状各异的符号,没有形、音、义意识,没有笔画意识,没有汉字整体架构意识,更不注意笔形的变化规则和汉字部件位置和整体架构,只觉得汉字难认、难写、难记、难学。

一般以为汉字文化圈国家的学生学习中文汉字不会有太多问题。

确实，汉字学习对汉字文化圈国家的学生来说不是难点，但在教学过程中也会遇到和出现这样那样的问题。日本文部省规定，中学毕业生要学习掌握将近2000个汉字，可其中有768个汉字与中国汉字字形不同。譬如最普通的"天"字，我们是上短下长，而日本是上长下短；再如"對"，中国简化为"对"，左边看上去像个"又"。日本也简化了，简化为"対"，左边是"文"，写出来看上去像"又"上有一点。韩国教育部于1972年8月12日公布《教育用基础汉字表》，共1800个，其中与中国规范汉字异形的有1094个（包括非简化汉字461个）。后他们加以调整，有1312个跟中国规范汉字相同，但还有488个字跟我们的汉字不一样。更值得注意的是，我们的汉字，每一个都有形、音、义，三者互相有一定关系且又融为一体；日本、韩国虽然也用汉字，但每个汉字纯粹是作为一个表示某个特定意义的符号，笔画的起止、顺序也不完全一样。因此，汉字圈的外国学生在学习书写中国汉字时，往往不注意笔画顺序和形状，不注意笔形变化规则，不注意字形中偏旁或者部件的位置，常常会写出一些似对非对、似错非错的字。

造成外国学生汉字学习上的问题，除了客观因素外，也有我们汉语老师的主观因素，那就是我们有些老师自己对汉字规范不太重视，自己在教学中写汉字时，写得很随便，在笔画、笔顺或部件结构安排上不注意，甚至写得很不规范。

了解了上面的情况，我们不难想见《通用规范汉字表》对于汉语教学，对于汉语国际传播的重要意义。它的意义在于：

一、《通用规范汉字表》本质上是简化字系统的汉字表，国家正式发布这样一个规范汉字表，这等于明确宣布，在汉字繁简之争中，国家明确地选择了简化字，这对汉语教学的意义不言而喻。

二、《通用规范汉字表》为汉字教学确立了统一的标准，提供了与汉字有关的规范依据。具体说：

（一）《通用规范汉字表》为汉语教材和相关的教辅教材的编写提供了用字的标准，也直接提供了选字选词的依据。特别值得注意的是，《通用规范汉字表》一级字表与上个世纪80年代末的《现代汉语常用字表》（1988年1月26日）相对照，调整了百余字，这在一定程度上反映了社会常用字的变化。这对汉语教学，特别是汉语教材编写和汉语水平考试选字选词的及时调整，提供了依据。

（二）《通用规范汉字表》给汉语教师，提供了教学汉字的标准，提供了批改作业时判断学生写字正误的标准。

（三）《通用规范汉字表》给学生用汉字做作业、进行写作提供了一个书写的标准。

（四）《通用规范汉字表》也给汉语教员和汉语学习者随时了解、翻阅、查对汉字所属常用字等级、汉字字形的规范提供了依据。

三、对汉字文化圈的学生来说，《通用规范汉字表》使学生了解和明白他们本国使用的汉字与中文汉字的联系与区别，有助于减少母语汉字负迁移的影响，减少出错率。

《通用规范汉字表》与汉语国际传播关系密切，对汉语教学有指导意义。《通用规范汉字表》的发布首先有助于我们汉语教师增强汉字的规范意识，在进入汉字教学阶段时，既要有针对性地设法帮助或者引导学生树立一些有关汉字的意识，诸如"汉字是形音义相关而又三者融为一体的这样一种意识"，"中文汉字是方正结构的整体构造意识"，"中文汉字的笔画、笔顺意识"以及"中文汉字部件和部件位置的意识"等，以便使学生从一开始就注意笔画书写规范，笔顺规范，部件位置规范，方格空间分割（或说布局）规范。同时，又要有意识地设法使学生对汉字学习感兴趣，而不是汉字教学一开始就把他们都吓跑了。我们就要在兼顾"让学生树立汉字意识"和"让学生对汉字学习感兴趣"这二者之间,来寻求最适合、最有效的汉字教学法,以帮助学生破除对汉字的神秘感,解除对汉字学习的畏惧感。

(陆俭明,北京大学教授,国家语委咨询委员会委员)

汉字与中华文化的继承和传播

董 琨

汉字，可以说是作为中华文明的标志，已经具有四五千年的历史，而且在高科技时代的今天依然使用，创造了世界上已有的全部文字中独一无二的奇迹。

由于汉字尤其是早期汉字所具有的表意文字性质，古老的汉字承载了古代中华文化的丰富信息，以至于有前辈学者赞叹："每一个汉字就是一部中国文化史。"例如最早成熟的汉字体系——甲骨文中的"天"字，其形体就是一个正面直立的人形，头部较大，双手双足各自左右伸展，示意为"人的头顶上就是天"，但是同时也很自然地表达出"天就是人"的意思，中华文化一个最主要的理念"天人合一"，由此可以体现。再如，甲骨文中的"和"字，从口从禾，说明当时的先民已有农耕，口中食用禾类作物，进而用此字表示音节的调和乃至世间万物的和谐，因此"和"的追求及其维护，也是中华文化的一个重要特质。这类体现中华文化特质的例子不胜枚举，所以我们说，汉字本身就是中华文化的一个重要的有机组成部分。

但是，汉字更大的功劳在于它同时是中华文化的最重要的载体，体现了可以使用书面语言表达的中华文化的方方面面。

我们知道，文化是人类与生俱来的创造，分为物质文化和精神文化两大部分。无论是精神文化还是物质文化，到一定程度，就必须有文字记载的支撑，才能更好地持续发展。缺乏文字的文化，其发达程度是有限的。中华文化之所以持续五千年而依旧灿烂辉煌，屹立于世界文明之林，这与我们的先民创造与使用汉字是分不开的。

汉字是记录汉语的书面符号系统，单个汉字具有独立的形、音、义，记录长期以来以单音节词为主的汉语，具有最大的适应性。汉字表达汉语的音、义，几千年来有不少变化，但是其变化都是逐渐的而不是突变的，同时基本上都随着汉语的发展而变化。汉字的字形则相对独立一些，其主要应用字体篆、隶、楷、行，虽然彼此异样，但是都遵循一定的演变规律，而且经过历代王朝政府的规范协调，能被广大知识分子和一般识字民众认知和使用。所以，汉字突破了古今几千年、纵横数万里的时间与空间的局限，发挥其超时空的书写和识读功能，最完整地记载与传承中华文化。

此外，世界上所有文字的流传，还有一个载质的问题。文字能否随着载质的变化而发展，这也是考验文字生命力的一个因素。汉字的载质，先后经历了龟甲兽骨、青铜玉石、竹简木牍直至缣帛纸张的变化，形体的演变也与此密切相关，但是使用不同的载质书写与表现汉字，总是得心应手。这就在一定的物质层面上，保证了汉字的生命力，保证了汉字记载中华文化的功能不受影响。尤其是质地轻薄、取材方便、价格低廉、经久耐用的纸张的发明，大大地推广与普及了汉字的使用，对于中华文化传承的作用是不言而喻的。

中华文化具有丰富的资源和相对的稳定性。数千年来，沧海桑田，王朝更迭，但是中华文化的主要部分——思维方式、价值观念、道德风尚、文学艺术、人情习俗、衣食住行，等等，都是薪火相传，代代赓续。这首先是因为千百年来，中华文化具有从未间断的文字记载，主要以书籍的形式保存与流传下来。而书籍，无论是手写或印刷，毫无疑问都是使用汉字。因此可以说汉字对于中华文化的稳定传承发挥了最重大的作用。

印刷术是中国古代四大发明之一，是中华民族对世界文明发展的巨大贡献。据现在公认的说法，中国在公元7世纪左右的隋唐之际出现了雕版印刷，11世纪左右的北宋时期，毕昇发明活字印刷术。这是文字信息处理领域的一次全球性的革命，对中国、欧洲乃至世界文化的发展都产生了深远影响。当然，印刷术的发明与应用，首先是使汉字在中华文化的继承与传播方面的作用更为突出，由此加速催生了数量极为庞大的中华古籍。

我国现存古籍的数量，因为统计的角度与范围的不同，有不同的说法，大致有10万种到15万种。如果加上流失海外的部分，就更加可观了。所谓"种"，并不等于"卷"或"册"（或是现在说的"本"），例如纂集于明代初年的《永乐大典》算古籍的"一种"，但它全书仅目录就有60卷，正文22877卷，装成11095册，约3.7亿字。这些古籍成为使用汉字记载与传承中华文化的重要体现。

由于中国历史悠久，长期以来是世界上政治、经济、文化诸方面的强国，早就对许多国家和地区产生巨大影响。汉字传播海外，在周边国家形成一个"汉字文化圈"，就是明显的例证。

首先是朝鲜半岛。据史料记载，早在公元1世纪，朝鲜半岛就出现了用汉字记录的地名。到公元四世纪前后，更产生了主要以汉字转写来记录朝鲜语的规则，即"吏读"。有音译转写、意译转写、半意译半音译转写等规则。有些吏读词语难以从汉字字面上了解其意义，例如"孛缆"表示"风"、"白话"表示"申诉"之类。公元12世纪的北宋，有一位出使朝鲜的学者孙穆，编写了一部工具书《鸡林类事》，专门记录这类吏读词语，诸如"足曰泼，手曰遜"等等。到了公元15世纪，朝鲜才创制了自己的文字字母，后来称为"谚文"。谚文字母的外形，则是由拼音字母模仿汉字的笔画而构成的方块字。此后很长时间里都是谚文与汉字夹杂使用。

其次是日本。在公元3世纪的应神天皇时期，中华重要典籍《论语》等已传入日本。公元478年，日本倭王派遣使者来朝拜中国南朝的刘宋皇帝，奉交的国书完全使用汉字，文体也是当时中国盛行的骈体文。但是日本人利用汉字记录、书写日语词语，却有自己"本土化"的方式．或是借用汉字的字形和字音（音同或音近），而不管其字义，叫做"音读"；或是借用汉字的字形和字义，而不管其字音，叫做"训读"。后来发明"假名"，意思是借用汉字字形的整体或部分，作为记录日语的符号即音节字母。一种是"平假名"，使用的是整个汉字形体的草体；一种是"片假名"，只是利用汉字形体的部分。直到现代，日本人仍然使用汉字（音读字、训读字），加上平假名和片假名，共同记录日语。

汉字对外传播的另一个主要国家是越南。在越南的历史上，长期以来就是越语与汉语并行使用，汉字则是唯一的官方文字。越南的古代民族文化和历史资料，都是用汉字记录的。直到大约公元10世纪，越南人才创制出自己的文字——喃字。所谓"喃字"，是一种在汉字形体的基础上，借鉴汉字的造字方法，并且以汉越音为读音而创造的越南民族文字。因此我们不难想见它与汉字的亲密关系。公元19世纪中叶，越南沦为法国的殖民地，殖民主义的语言政策使喃字逐渐衰落、消亡，代之为拉丁化的"国语字"，汉字更是废弃不用。但是近年来，为了更好地发掘、继承本民族的传统文化，越南国内许多学者都呼吁重新使用汉字。

（董琨，中国社会科学院研究员，国家语委咨询委员会委员）

近百年来汉字的简化与规范

苏培成

从洋务运动、戊戌变法到现在，已经有一百多年。一百多年来中国发生了翻天覆地的大变化，由半封建半殖民地社会变为社会主义社会。这个大变化影响到社会的方方面面，自然也要影响到语言文字。在旧中国，汉字存在的主要问题是繁与乱。繁指笔画繁多，乱指异体杂陈。繁与乱给汉字的学习和使用带来了很大的困难，影响了教育的普及和文化的发展。为了解决汉字的繁与乱，民国时期已经开始了汉字的简化和规范，但是取得的成果很有限。新中国建立后，在共产党和人民政府的领导下，汉字的简化和规范取得了显著的成绩，在相当的程度上改变了繁与乱的面貌，形成了新的汉字规范。大力推行规范汉字是《中华人民共和国国家通用语言文字法》的重要内容，而《通用规范汉字表》的颁布有力地促进了这项工作的发展。

下面我们先说汉字的简化。原始汉字主要来自图画，许多字的形体可繁可简。在甲骨文里面，✳是繁体的车，✳✳是简体的车，繁简体同时使用，可见简体字的历史和繁体字的历史一样长久。秦王朝统一天下后，用小篆取代六国古文，实现了书同文。小篆经过隶书演变为楷书，其中有不少字笔画繁复，例如"鸜鑲鸎籲"每个字都有30画以上，学习和使用困难。为了使用的方便，民众为这些繁难的字创造了相应的简体，但是封建时代的统治者排斥简体，只准在民间契约、药方、账簿、唱本上使用，不得用于汉字教学和各种正式文书，科举考试如果用了简体就注定要名落孙山。进入20世纪，由于社会发生了剧烈的变动，这种观念受到了冲击。1909年教育家陆费逵在《教育杂志》上发表《普通教育当采用俗体字》的著名论文，认为俗体字笔画简单、易习易记，"普通教育采用俗体字有利无害，不惟省学者脑力，添识字之人数，即写字刻字，亦较便也"。"五四"时期随着新文化运动的开展，一些语言文字学家明确提出了简化汉字的主张，走在前列的是国学大师钱玄同。1920年他在《新青年》杂志发表《减省汉字笔画的提议》。1922年他在国语统一筹备会上提出《减省现行汉字的笔画案》，获得通过。到了20世纪30年代，简体字运动进入了实际推行阶段。1935年春，《太白》半月刊主编陈望道联合上海的文字改革工作者组织手头字推行委员会，选定第一批手头字300个，开始在《太白》《论语》《读书生活》等刊物上使用。手头字就是简体字。在简化汉字群众运动的推动下，1935年8月南京国民政府教育部公布《第一批简体字表》，表内有324个简体字，并在《各省市教育行政机构推行部颁简体字办法》中规定"凡小学、短期小学、民众学校各课本，儿童及民众读物，均应采用部颁简体字"。这项举措受到教育界和进步文化界的普遍欢迎，但是同时也受到了保守势力的强烈反对。国民党领导的国民政府屈从于保守势力的压力，在1936年2月训令教育部"简体字应暂缓推行"，推行简体字这项利国利民的工作不幸中途夭折。

　　新中国建立后不久，政府有关部门就着手进行汉字的简化。1951年教育部社会教育司拟出了《第一批简体字表（初稿）》，收简体字555个。1952年2月中国文字改革研究委员会以《第一批简体字表（初稿）》为基础进行增删，拟出《常用汉字简化表草案》第一稿，收简体字 700 个。后经过多次讨论和修改,于 1954 年 9 月形成了《常用汉字简化表草案》第五稿。1954 年 11 月文改会对第五稿再做修改,形成《汉字简化方案草案》。1955 年 2 月《汉字简化方案草案》在中央一级报刊上发表,向全社会征求意见。到同年的 7 月,文改会收到各界群众的意见 5167 件,其中 97% 表示赞成。1955 年 10 月在北京召开了全国文字改革会议,会议批准了汉字简化的方针是"约定俗成,稳步前进",通过了《汉字简化方案修正草案》。修改后的草案又经国务院汉字简化方案审定委员会的审定。1956 年 1 月 28 日国务院第 23 次会议通过了《关于公布〈汉字简化方案〉的决议》。1 月 31 日《人民日报》发表国务院的《决议》和《汉字简化方案》。该方案收 515 个简化字和 54 个简化偏旁。《汉字简化方案》公布后,分四批推行,推行十分顺利。1958 年 1 月周恩来总理在《当前文字改革的任务》的报告里指出:"方案公布后,两年来,简字已经在报纸、刊物、课本和一般书籍上普遍采用,受到广大群众的欢迎,大家称便,特别是对初学文字的儿童和成人的确做了一件很大的好事。"1964 年文改会根据国务院指示的精神,编辑出版了《简化字总表》,收录了《汉字简化方案》里的简化字和在《新华字典》的范围内通过偏旁类推简化得到的简化字,作为使用简化字的统一规范。根据 2004 年公布的中国语言文字使用情况调查得到的数据,平时主要写简化字的占 95.25%,写繁体字的占 0.92%,繁简两体都写的占 3.84%。简化字在民众中已经扎下了根,汉字进入了简化字时代。《通用规范汉字表》坚持了汉字简化的方向,按照《简化字总表》的规定,凡是应当简化的都做了简化。

关于汉字的规范,作为交际工具的语言文字必须有统一、明确的规范;如果连起码的规范也没有,它们就不能成为交际工具,而失去存在的价值。康熙五十五年(1716 年)印行的《康熙字典》是奉皇帝旨意编辑的官书，它是清王朝建立的汉字规范。清末废科举兴学堂，教育发生了大变化；"五四"时期白话文取代了文言文，书面语发生了大变化。《康熙字典》建立的汉字规范无法适应急剧变化的中国社会。1913年民国政府召开读音统一会，审定了6500多个汉字的"国音"，人们称为老国音。1919年出版的《国音字典》采用了老国音。1923年修订了国音的标准，改为以北京语音为标准音，人们称为新国音。1932年民国政府教育部颁布《国音常用字汇》初步实现了汉字的四定（定量、定形、定音、定序）。新中国建立后，人民政府对汉字进行了整理，形成了新的正字法。汉字的整理主要做了以下几件事：一、整理异体字。异体字指音义全同、只是形体不同的一组一组的字。异体杂陈是旧中国汉字存在的主要乱象。整理异体字就是根据从俗从简的原则，从每组异体字里确定一个字为选用字，也就是规范字，其他的形体停止使用。文化部、文改会于1955年12月22日联合发布《第一批异体字整理表》收810组异体字，从中选定810字为规范字，淘汰1055字。例如，"酬酧詶醻"里确定"酬"为选用字，"窗窓窻窻牕牎"里确定"窗"为选用字。《通用规范汉字表》对异体字做了调整，今后关于异体字的认定以《通用规范汉字表》为准。二、整理印刷铅字字形。旧中国印刷铅字字形存在着严重的分歧。1965年1月文化部、文改会发布《印刷通用汉字字形表》。《字形表》确定了6196个通用汉字的结构、笔画数和笔顺，用作统一铅字字形的范本。字表规定的字形人们称为新字形，在这以前使用的字形称为旧字形。例如（括号内的是旧字形），吕（呂）、争（爭）、户（戶）、吴（吳）、郎（郎）。三、改换生僻地名用字。例如，盩厔县改为周至县、鬱林县改为玉林县、鰼水县改为习水县等。四、统一部分计量单位名称用字。例如，"浬"改为"海里"、"瓩"改为"千瓦"、"呎"改为"英尺"、"吋"

改为"英寸"等。经过以上的整理,形成了现代的正字规范,《通用规范汉字表》里的字形符合这个规范。现代正字法要求:社会用字要大力推行《通用规范汉字表》里的规范字;有条件地使用繁体字和异体字;不使用不规范字。根据《国家通用语言文字法》,繁体字和异体字属于下列情形的可以保留或使用,就是:(1)文物古迹;(2)姓氏中的异体字;(3)书法、篆刻等艺术作品;(4)题词和招牌的手书字;(5)出版、教学、研究中需要使用的;(6)经国务院有关部门批准的特殊情况。不规范字首先是错别字。错字是指错成了根本没有这样写法的字。例如,"展"字误为"展"、"晓"字误为"晓"。别字是指把甲字误用为乙字。例如,把"捍祖国强盛"的"捍"误为"撼"。其次是二简字、旧字形、已经废止的生僻地名用字和旧计量单位名称用字等。《通用规范汉字表》的公布和推行必将进一步提升汉字的规范水平,促进各项建设事业的发展。

(苏培成,北京大学教授)

《通用规范汉字表》对以往汉字规范的继承与发展

张书岩

由国家语委立项研制的《通用规范汉字表》(以下简称《字表》)历经十二年寒暑,终于由国务院审议通过,正式发布了。《字表》是一个承前启后、起着继往开来作用的规范,它对新中国成立以来的汉字规范既有继承,又有发展。本文拟就这个问题做一些具体阐述。

一、《通用规范汉字表》对以往汉字规范的继承

有人问,新中国成立以来,政府已制定了一系列有关汉字的规范,《简化字总表》规定了简化字的标准,《第一批异体字整理表》(简称《一异表》)规定了选用字的标准,《印刷通用汉字字形表》规定了印刷宋体字的字形标准,《现代汉语常用字表》《现代汉语通用字表》(分别简称《常用字表》《通用字表》)又规定了字量的标准,这些规范已经涵盖了汉字字形、字量的各个方面,并且已为广大群众所熟悉,现在又要制定新的标准,岂不是多此一举,弄不好还会造成社会用字新的混乱吗?

这些担心完全没有必要,因为《字表》不是另起炉灶,它是在原有规范的基础上制定的,是对原有规范的一种"优化整合"。"尊重传统,注重汉字规范的稳定性;尊重历史,注重汉字规范的继承性"是贯穿研制工作始终的重要原则,"不造成社会用字新的混乱"是研制者头脑中始终绷紧的一根弦。

以下四个方面都体现了《字表》的继承性：

（一）在字量标准方面，从字级设定、字级功能到具体收字，《字表》都与《常用字表》《通用字表》相对应、相衔接。《字表》的一级字功能大致相当于原来的常用字，具体收字仅有103字的出入，而未进入一级字表的103个原常用字都收进了二、三级字表。《字表》的一、二级字功能大致相当于原来的通用字，部分未进入二级字表的原通用字，除个别没有使用价值的旧术语用字、文言用字等，都收进了三级字表。

（二）坚持了国家的汉字简化政策。《字表》没有恢复一个繁体字，所不同的只是因《字表》所收字数与《简化字总表》不同，具体收字也略有出入，因而类推出的简化字字数以及哪些字被类推简化有所改变。

（三）《第一批异体字整理表》是意见较多、分歧较大的一个规范，表中收入的部分异体字和选用字的音义不完全对等，同时也有一些当代流行的异体字没有收入。但该表实施50多年来，人们对它已经比较熟悉，因此经慎重考虑，多方征求意见，最终基本认可原表从实际应用出发对异体字所做的处理，确定不再扩大异体字整理的范围，对原表的异体字仅做了小范围的调整。

（四）尊重《印刷通用汉字字形表》确定的印刷字形规范，在印刷字形方面未做新的调整。

二、《通用规范汉字表》对以往汉字规范的发展

我们说《通用规范汉字表》继承了以往的汉字规范，绝不是说《字表》仅仅做了一个汇集的工作。较之原有的规范，《字表》在许多方面有发展和突破，这体现在以下四方面：

（一）将原有分散、各自独立的规范文本整合为一体，给全社会提供了一个可以遵循的通用规范汉字的"范本"。不要小看这个形式上的变化,《中华人民共和国国家通用语言文字法》第三条说:"国家推广普通话,推行规范汉字。"但"规范汉字"的实体是什么？单独一个《简化字总表》或《现代汉语通用字表》都不能承载。《通用规范汉字表》既有规范字的主表,又有体现繁简、正异对应关系的附表,这就是通用字范围内"规范汉字"的实体,有了这个实体,"推行规范汉字"也就落到了实处。

（二）《字表》解决了原有规范中存在的相互矛盾的问题。已有的汉字规范是20世纪50—80年代陆续制定的,难免存在前后说法不一、相互矛盾之处。例如《简化字总表》中个别繁体字形,恰恰是《一异表》中被淘汰的异体字形。如:寳、閙、墻在《一异表》中被分别当作寶、鬧、牆的异体字淘汰,而到了《简化字总表》中,简化字宝、闹、墙对应的繁体字恰恰是寳、閙、墻（即被认为是繁体正字）,这样,《简化字总表》和《一异表》就发生了矛盾。对于类似的问题,《字表》均一一梳理,加以纠正,使用者不会再有无所适从之虞。

（三）《字表》研制过程中,使用了先进的研制手段,如以大规模平衡语料库和专业语料库为基础,利用现代信息技术考查汉字使用频度。语料库选材在科学性、时效性以及数量、规模等方面,都胜过以往历次规范的研制,统计方法也更加先进,因而得到的结果也更加贴近语言文字的实际使用状况,具有更高的科学性和实用性。研制者把《字表》一级字、二级字拿到多个语料库进行测查,结果显示,一级字的覆盖率比原《常用字表》99.48%的覆盖率高出0.09%—0.22%；一级字、二级字总和为6500字,比原《通用字表》少500字,但覆盖率却保持不变。

（四）《字表》能更好地满足信息化时代语言生活的迫切需求。这突出体现在三级字的设立和新调整的45个异体字这两点上。

在我们的社会生活中,户籍、邮政、信贷、金融等行业的信息贮存和检索已经实行数字化管理,用字不规范,计算机处理就无法实现,系统之间也无法进行交换。有一些汉字,总的使用频率不高,不能进入一、二级字表,但是它们在姓氏人名、地名、科技术语等特殊领域出现的频率却相对较高,或者在中小学语文教材文言文中较常出现。这类字过去进不了《通用字表》,给使用者造成不便,现在它们被纳入三级字,就有了"规范字"的合法身份,那些不便就可以避免了。

"晳、瞋、噘、蹚、渌、勠"过去被分别当作"晰、嗔、撅、趟、渌、戮"的异体字处理。对这6个字的规定,在实践中很难执行。比如我们几乎看不到"白晰"的写法,把"噘嘴"写成"撅嘴",人们也很难接受。如今,这6个字有了规范字的身份,和原来对应的"正字"有了明确分工,是非常正确的做法。

另有39个异体字,它们虽然与选用字音义相同或部分相同,但又有各自的特殊用法。有的经常出现在人名中,如喆(哲)、堃(坤)、淼(渺)、犇(奔)、昇(升)、陞(升)、甦(苏)、廼(乃);有的出现在地名、科技术语及其他特殊场合,如钜(巨)、菉(绿)、椀(碗)、袷(夹)、脩(修)。可是因为它们的异体字身份,会经常遭遇电脑打不出的尴尬,现在《字表》规定它们在用于姓氏人名、地名、科技术语等特殊场合时视为规范字,这个矛盾就迎刃而解了。

综上所述,《通用规范汉字表》对以往的汉字规范有继承,又有发展,它的发布,是我国语言生活中的大事,必将使我国的语言文字规范工作踏上一个新的台阶。

(张书岩,教育部语言文字应用研究所研究员)

汉字规范的科学化

张万彬

汉字规范是学术性和社会性极强的一项工作。讲求汉字规范的科学化，是汉字规范工作的应有之义。

所谓汉字规范的科学化，是指遵循汉字的构造规律、演变规律和社会应用规律，择取最为优化的方案，使所制定的规范科学、合理、适用。

《通用规范汉字表》（以下简称《字表》）是在以往几十年汉字规范工作经验和现代化、信息化条件下研制的，其科学化程度较以往字表有新的提高。主要体现在两个方面：

第一，运用现代技术手段处理语料，使字表的定量、分级、收字更加科学实用。

一二级字表是对大量语料（社会用字资料）进行统计分析得出的结果。语料质量直接影响着统计结果的科学性。经过审慎研究，选定国家语委的"现代汉语平衡语料库"为基础语料库，保证了作为研制基础的语料的客观性和代表性。同时，又使用北京语言大学"现代新闻媒体动态流通语料库"、《规范汉字表》研制课题组建立的"教育科普综合语料库"、《规范汉字表（送审稿）》专家委员会工作组建立的"儿童文学语料库"三个辅助语料库对一二级字表的定量、分级进行核查，以确保语料库统计数据的全面有效。以这些语料为基础，依据"汉字效用递减率"，运用语料库技术和统计学理论，辅以适当的人工干预，确定一二级字表字量和收字。经测查，《字表》一二级6500通用字虽然比原《现代汉语通用字表》的7000字减少了500字，但覆盖率基本不变。而一级字表的3500字与原《现代汉语常用字表》虽然数量相同，但具体收字有206字的差异，其覆盖率比原《常用字表》高出0.09%—0.22%。这表明，《规范汉字表》一二级字表的定量与收字是合适的。

三级字表中的姓氏人名用字、地名用字、科学技术术语用字由主管部门公安部、民政部、国家测绘局、全国科学技术名词审定委员会和实际应用者提供，中小学教材文言文用字从《规范汉字表（送审稿）》专家委员会工作组建立的"中小学语文教材文言文语料库"（收1949—2008年中小学语文教材文言文）中提取。所有备选字均按照"真实、适用、有一定使用频度"的原则进行甄别。其中少量可疑的姓氏用字和地名用字，还向相关地方政府和基层群众直接进行了核实。

第二，从汉字社会应用实际出发，根据实事求是、科学性与社会性兼顾的原则，对以往汉字规范的缺失和矛盾进行弥补、修订和调适。

汉字规范涉及汉字整体系统、现代应用与历史传承、通用领域与专门领域、内在理据与约定俗成、语言文字与政治及社会等关系。汉字规范必须树立全局意识，统筹兼顾，在各种矛盾的处理中把握好合适的"度"。尤其当汉字内在理据与汉字社会应用发生矛盾的时候，汉字规范必须从社会用字的实际出发，充分尊重群众的应用习惯。对于以往规范中存在的问题，既实事求是科学对待，也充分考虑历史形成的全民习惯和社会的可接受程度，凡需改动之处，都遵照"约定俗成"的原则审慎处理，尽量保持社会用字的稳定。这也是汉字规范科学化的重要原则。

一、对"一简对多繁"用附表方式加以分解

简化字中,由于同音替代等原因,存在着一个简化字对应简化以前多个汉字的现象,如干(干/乾/幹)、发(發/髮)、纤(縴/纖)等,这就是所谓的"一对多简繁关系"。简繁汉字非一一对应,给计算机繁简转换、海峡两岸和香港、澳门文化交流以及古籍阅读与整理等造成不便。但如果因此而恢复部分繁体字,将会造成文化教育领域的波动,不利于社会用字的稳定。一对多简繁关系造成的困难可以通过研制新的计算机软件、加强相关知识点宣传等方式解决。两相比较,《字表》决定不恢复繁体字,而在附表中对具有一简对多繁现象的简繁字的音义对应关系进行详细分解。这应该是一个更为稳妥和合理的方案。

二、对异体字在坚持原则的前提下灵活处理

《第一批异体字整理表》中包含了不少非严格意义上的异体字,有的非正字的义项并不能完全由正字所取代,这给社会用字造成困扰。但是,由于该表已经实行多年,完全推倒重来,也会给大众带来不便。因此,对《第一批异体字整理表》(包括后来文件对该表的调整),《字表》采取坚持原则、灵活处理的方式。一方面按照严格的异体字定义,对《一异表》重新进行审视;另一方面,对非严格意义的异体字,根据不同情况进行不同处理。对于正字义项完全能够包含非正字义项的字组,仍认可其正异关系;对于正字义项无法完全包含非正字义项的字组,在认可其正异关系的同时,将非正字在特定意义上视为规范字(着重照顾人们在人名、地名命名方面的习惯和用字需要);对于正字义项与非正字义项完全不同的字组,不再处理为正异关系。

三、为类推简化划定合理范围

类推简化指《简化字总表》第二表收录的132个简化字和14个

简化偏旁，在做其他字的组成部分时同样简化。这样做有利于保持简化字的构形体系，方便记忆和使用。但无限制的类推简化会造出一批新的同形字、形近字、违反汉字构形规则的怪异字、历史上并不存在而现实中极少使用或从不使用的僻字和死字，给整体的汉字系统造成新的混乱，拉大汉字应用的古今距离和海峡两岸、香港、澳门的距离。《字表》将类推简化限定在通用范围，较好地调适了由类推简化引起的各种矛盾，解决了一个存在了几十年的老大难问题。

四、从实际出发，暂缓对汉字微观字形的进一步调整

尽管字形标准化是汉字发展和信息处理的需要，但鉴于字形调整尚未得到社会的普遍认同，加上字形问题涉及宋体、仿宋、楷体、黑体等四种常用印刷字体的字形规范，需在做好通用字集与大字符集字形协调、印刷体与手写体协调、海峡两岸字形协调的基础上进行统一整理，所以《字表》仍沿用《印刷通用汉字字形表》和《现代汉语通用字表》的字形规则，字形的进一步统一规范留待新的字形标准出台后进行。这种处理，是在需要与可能之间的适宜的选择。

为保证《通用规范汉字表》的科学性，尽可能满足社会各领域需求，字表制定过程中，先后召开了大型学术会议、专题研讨会等120余次，海内外专家学者4000多人次参与了研讨，近40个主要用字单位对研制工作提供资料并提出意见建议。分别向国家语委18个成员单位、有关高校和学术团体征求意见，并得到积极支持和配合。公开征求意见期间，社会各界和海外人士积极建言献策，提出意见和建议三千余件。专家学者和社会各界的积极参与，为汉字规范的科学化提供了有力支持。

（张万彬，语文出版社原副总编辑）

《通用规范汉字表》的基本内容和特点

王立军

为了更好地贯彻落实《中华人民共和国国家通用语言文字法》，促进国家通用语言文字的规范化和标准化，适应新形势下现代语言生活和国家信息化发展的实际需要，提供现代社会通用汉字的字量、字级和字形标准，教育部、国家语委组织研制了《通用规范汉字表》（以下简称《字表》）。

一、《字表》的基本内容

《字表》共收录规范汉字8105个，依据通用程度和通用范围划分为三级。其中一级字表3500字，是使用频度最高的常用字集，其作用相当于《现代汉语常用字表》，主要满足基础教育和文化普及层面的用字需要；二级字表3000字，与一级字表一起构成一般社会应用领域的通用字集，其作用相当于《现代汉语通用字表》，主要满足现代社会用字的一般需要。三级字表1605字，是姓氏人名、地名、科学技术术语和中小学语文教材文言文用字中未进入一二级字表，但在特定领域中较为通用的字，主要照顾社会大众对专门领域用字的基本需求。

为明确规范汉字与相应的繁体字、异体字之间的对应关系，教育部、国家语委还组织研制了《规范字与繁体字、异体字对照表》（以下简称《对照表》），作为附表与《字表》配套使用。《对照表》列出了与

2546个规范汉字相对应的繁体字和异体字，其中繁体字共计2574个，异体字共计1023个。

《对照表》对简繁对应关系的整理是以《简化字总表》为基础的，其总体精神与《简化字总表》保持一致，以不恢复繁体字为基本原则，重点对其中96组不能一一对应的简化字与繁体字进行了分解。如《简化字总表》中的"斗[鬥]"，表面上看好像是一一对应的，其实在繁体字印刷的文本中，简化字"斗"分别对应"斗"和"鬥"两个字。前者表示量器，音dǒu；后者表示争斗，音dòu。如果不加以分解，在简繁转换时就有可能将"斗"全部转换为"鬥"，这样就会出现诸如"北鬥星"之类的错误。《对照表》对简繁对应关系的整理，为古籍阅读和海峡两岸、香港的交流提供了方便。

《对照表》对规范字与异体字之间对应关系的整理，是以《第一批异体字整理表》为基础的。鉴于异体字问题情况复杂，涉及问题众多，《对照表》没有扩大异体字的整理范围，而是把重点放在《第一批异体字整理表》原有异体字组的重新审订上。《字表》和《对照表》根据现代社会的实际用字需要，将一些仍然具有较大应用价值、与人们日常生活息息相关的"异体字"，恢复或部分恢复为规范字，以方便人们使用。如"氾"字在《第一批异体字整理表》中被作为"泛"的异体字废除，但"氾"原本是一个姓氏用字，该姓氏起源于周朝的氾国，具有十分悠久的历史。一个姓氏用字代表了一个家族的血脉，出于对家族传统的尊重，《字表》将这类汉字以姓氏用字的身份恢复到三级字表中。再如"喆"字，《第一批异体字整理表》视为"哲"的异体字，但经调查发现，由于"喆"字的构形中包含两个"吉"，看起来比较吉祥，全国有数万人的姓名选用了这个字。考虑到民众的这种用字需求和用字现实，《字表》把它收入了三级字表，专门做姓名用字使用。

《字表》和《对照表》在《第一批异体字整理表》的基础上，将"挫、凋、噘"等26个字确认为规范字，将"仝、氾、喆"等45个字在特定意义上视为规范字，并在《字表》或《对照表》中的相应位置加注说明其使用范围。

在字形方面，《字表》所收的《印刷通用汉字字形表》和《现代汉语通用字表》之内的字，均按两表中的字形收录。两表之外的字，依据两表内部的字形规则做统一调整。

二、《字表》的总体特点

《字表》是在新型的汉字规范理念指导下，根据当代社会的用字状况和信息时代的需要，运用现代技术手段研制的，比之过去的汉字规范，该字表主要有以下特点：

（一）集合多项规范，方便大众使用

新中国成立以来，国家十分重视语言文字工作，在汉字整理与规范方面做了很多工作，相继发布了多种字表，对社会用字起到了重要的规范作用。但由于这些规范各自独立，非常零散，使用起来极为不便。如了解简化字与繁休字的对应关系，需要查1964年中国文字改革委员会编印的《简化字总表》（1986年国家语委经国务院批准重新发表时做了个别调整）；了解规范字与异体字的对应关系，需要查1955年文化部和中国文字改革委员会联合发布的《第一批异体字整理表》；了解字形标准，需要查1965年中国文字改革委员会发布的《印刷通用汉字字形表》；了解字量标准，需要查1988年国家语委和国家新闻出版总署联合发布的《现代汉语常用字表》和《现代汉语通用字表》。此次研制《字表》，对这些相互独立的汉字规范进行了全面整合，用一个字表和一个附表覆盖了以前多种字表的功能，大大方便了大众的使用。

（二）消除原有分歧，统一规范标准

由于此前的几种汉字规范是在不同时期、针对不同情况、出于不同目的制定的，相互之间缺乏照应，难免出现相互矛盾之处。如"並"字，《第一批异体字整理表》作"并"的异体字处理，《印刷通用汉字字形表》又作为规范字收录。"颺"字，《第一批异体字整理表》作"扬"的异体字处理；《简化字总表》简化作"飏"，视为规范字。对于这些不一致的地方，使用者往往无所适从。此次研制《字表》，对这些问题做了重点调整，给出了明确统一的规范标准，消除了原有分歧。

（三）运用现代手段，科学定量选字

此前的规范标准发布最晚的距今也有20多年了，当时无论研制基础还是研制手段都无法与现在相比。如在语料基础方面，1988年发布的《现代汉语常用字表》和《现代汉语通用字表》，依据的是14个不带使用频度的静态字表和6个带有使用频度的动态字表，这些字表最多的有7754字，最少的只有1000来字，分布极不均衡；靠20个不同用途的字表进行二度统计所得出的字表，缺乏客观统一的选字标准，所得出的结果也必然带有一定的局限性。此次研制《字表》的时代背景已与过去大不相同，现代信息技术为大型语料库的建设和运用提供了科学的手段，而规模庞大、分布均衡的语料库则为汉字通行度的测查提供了可靠的依据。本次所采用的基础语料库为国家语委"现代汉语平衡语料库"，该语料库是在海量语料基础上随机抽样而成，全库约9100万字符，时间上覆盖了从现代白话文通行以来近一个世纪的语料，内容上覆盖了55个学科，语料来源非常全面。语料库的规模和多方面的平衡性，很好地保证了字频和覆盖率统计数据的可信度。再加上多个辅助语料库的运用，以及科学的统计方法和合理的人工干预，从而为《字表》的科学定量和选字提供了有力的保障。

(四)考虑不同需求,合理划分等级

以前的汉字规范是在文化教育大普及时代制定的,考虑较多的是普及层面对汉字的需求。如今,人们的文化知识结构日趋多样化,社会语言生活面貌日趋多元化。《字表》作为国家规范,将要面对的是全国各阶层的使用者,各阶层的文化水平不同,交际范围不同,行业需求不同,对汉字的使用要求也必然会有差异。《字表》充分考虑到了这一点,根据通用程度和通用范围将所收的字划分为三级,体现了不同阶层和行业的需求差异,反映了现代汉字的实际使用状况,从而在很大程度上提高了《字表》的实用性。

(五)照顾民众生活,收录专门用字

三级字表的设立是《字表》的一大亮点。以往的汉字规范只限定在一般社会应用层面,但随着社会的发展,社会用字量逐渐增多,一些特殊领域的用字与人们的日常生活越来越密切,成为现代信息储备和信息传递所必不可少的用字,不对这些汉字进行规范,就无法满足民众日常生活的用字需求。这次制定《字表》,本着以人为本的原则,将与民众日常生活关系密切的专门领域用字也纳入到汉字规范的范围。参照公安部、民政部、科技名词委员会等相关部门提供的资料,特别采集了常用的姓氏人名用字、乡以上地名用字、与民众生活有关的科技用字、教材印刷需要的文言用字,形成三级字表,从而在一定程度上解决了身份证、户籍卡等姓氏人名用字问题,也满足了民众日常生活中对医药、营养等专门领域用字的需要。

此外,《字表》的研制得到了社会各界的普遍关注,各主要部门和领域都给予了大力支持和帮助,为数众多的专家学者直接或间接地参

与了研制工作,广大民众也通过各种方式表达了个人的意见和建议,这种将规范标准研制全民化、社会化的做法,也是《字表》不同于以往的一大特色。

(王立军,北京师范大学教授,《通用规范汉字表》研制组成员)

汉字规范的集大成与新起点
——写在《通用规范汉字表》发布之际

费锦昌

《通用规范汉字表》的发布是我国语言文字事业的一件大事。字表的顺利推行将进一步提高现行汉字学习和应用的效率，加速社会政治、经济、科学、教育文化的发展与和谐语言生活的建设。

汉字规范几乎与汉字同时产生，一路与汉字结伴而行，是汉字健康发展的"保护神"。历史上的汉字规范，或由民间自发倡导，或由政府着力推行，虽有识见优劣、水平高下和力度强弱之分，但始终没有停止过。中华人民共和国成立以后，为了加速扫除文盲，推进文化建设，更加自觉地强化了汉字规范工作。上世纪五六十年代研制和发布的主要规范标准有《第一批异体字整理表》（1955年）、《汉字简化方案》（1956年）、《普通话异读词三次审音总表初稿》（1963年）、《简化字总表》（1964年）和《印刷通用汉字字形表》（1965年）。八十年代发布的主要规范标准有《信息交换用汉字编码字符集·基本集》（1980年）、《普通话异读词审音表》（1985年）、《现代汉语常用字表》（1988年）和《现代汉语通用字表》（1988年）。随后，汉字规范标准进一步细化，相继发布了《现代汉语通用字笔顺规范》（1997年）、《第一批异形词整理表》（2001年）、《汉字部首表》（2009年）等。这些标准在汉字的字量、字形、字音和字序方面都起到了积极的规范作用。进入信息化时代，社会对汉字的学习和应用提出了更高的要求。原有规范标准过于分散不便使用的缺点和这样那样的不足暴露得越来越明显。国家语委顺应社会对汉字规范进一步优化的要求，于2001年立项，组织课题组历时十年研究制定了《通用规范汉字表》。这份字表集中并优化了原有规范标准的科学成果，使我国的汉字规范工作攀上了新的高度。以通用字的字量为例，原有的汉字规范都在六千到七千之间浮动。《印刷通用汉字字形表》收录6196字，《信息交换用汉字编码字符集·基本集》收录6763字，《现代汉语通用字表》更是收录了7000字之多。《通用规范汉字表》研制组在以往规范标准的基础上，立足现代语言生活，运用更加科学的测查手段，以国家语言文字工作委员会"现代汉语平衡语料库"（收1919—2002年政治、经济、科学、文化等方面的语料，共9100万字符）的字频统计结果为基础予以提取，并通过核查其他语料库，如北京语言大学"现代新闻媒体动态流通语料库"（收2001—2002年15种报刊语料，共3.5亿字符）进行微调，最终收录6500个通用字。较之《现代汉语通用字表》收录的通用字数量整整减少了500字。很多人认为，这是多年来推行汉字规范标准，引导社会用字相对集中的一种良性结果。再如，字表收录的汉字字形，全部沿用《印刷通用汉字字形表》确定的、被《现代汉语通用字表》承袭的字形整理原则，维护了现行汉字字形的相对稳定。更加难能可贵的是，主管部门于2009年7月把字表的"征求意见稿"向全社会公布，广泛听取各个阶层的意见，集思广益，共收到社会意见和建议3141件，直接了解了民情民意，有力推进了课题组的修订和完善工作。统看字表研制的全过程，相对而言，《通用规范汉字表》的研制过程是新中国半个多世纪以来汉字规范工作中科学研究做得最深入、社会透明度最高的一次。

像所有规范标准一样，汉字规范不是一成不变的，它要适应社会语言生活的发展变化而适时、适度地调整。《通用规范汉字表》跟半个多世纪以来先后发布的汉字规范标准相比，在许多方面都实现了优化，但它不是完美无缺的。不要说我们现在还没有预料到的未来语言生活中可能出现的这样那样的新问题，就是今天语言文字学界已经察觉到的汉字规范中的若干不如意处，也没能予以全部解决。比如语言文字学界大多认为整理异体字时应以符合严格定义的异体字为对象，以此来解决整理工作中的"扩大化"问题；再如简化字中一个简化字形一般应该只对应一个繁体字形，以避免简繁转换中的错误和混乱；又如对现行汉字字形应该进行适度微调，以消除字形中存在的明显不符合字形整理原则的现象，进一步提高汉字印刷字形的规范化与标准化程度，等等。这些原有规范的不足之处之所以没能完全解决，是因为汉字规范工作有个科学性与可行性的辩证处理问题，有个发展与稳定的适度调控问题。基于这一情况，我们应该把《通用规范汉字表》看作汉字规范的一个新起点。语言文字的应用没有穷尽，汉字规范的前行也不能停歇。

《通用规范汉字表》是五十多年来汉字规范成果的集大成者，我们要认真学习、全力推行。《通用规范汉字表》又是汉字规范工作的新起点，我们要继续努力，敏锐地观察语言生活中的新现象，深入地探究汉字规范的新问题，正确处理汉字规范工作中稳定与发展的辩证关系，待到时机成熟的时候，再及时优化已有的规范标准，使汉字在社会发展中更好地发挥作用，使汉字这位老寿星青春常驻。

（费锦昌，教育部语言文字应用研究所研究员）

古今汉字的演变

陈双新　李　娜

汉字起源至今,已有五千年左右的历史。几千年来,汉字一直处于发展变化之中。经常性的、不间断的演化,造成了商代甲骨文与今日楷书汉字之间的巨大形体差异。其间可以以秦国篆隶为分水岭划分为古文字和今文字两个大的阶段。

古文字阶段从时间上来讲包括商代文字、西周春秋文字、六国文字和秦系文字。我们目前见到大规模成系统的甲骨文属于商代晚期,它是刻写在龟甲和兽骨上的一种文字。由于书写工具的限制,甲骨文多呈方折的瘦笔,而少见圆转的肥笔。甲骨文不但象形的成分很重,而且结构不固定,在具体书写上呈现出很大的随意性和灵活性。西周初期的金文还沿袭商代晚期金文的作风,后来逐渐趋于整齐方正,明显的变化就是弧曲的粗笔为拉直的线条所代替。春秋时期,各地区金文逐渐形成了自己的书写特色,东方和南方某些地区的金文还出现了加鸟形、虫形等装饰的美术化字体。春秋战国是我国社会由奴隶制向封建制的过渡时期,中国社会发生了剧烈的变化,诸侯割据造成了各国、各地区之间严重的文字异形现象。汉字的这种地域差异给人们的社会交往带来诸多不便,影响了各地区之间的交流。秦始皇统一中国之后,便立即着手"书同文"的文字改革,以小篆为统一全国的文字标准,使汉字字形进一步规整、匀称,象形程度也进一步降低,表现出前所未有的定型化。虽然小篆笔画圆转,字形美观,但书写起来却极为不便,于是人们在实际使用中将笔画变为方折,并适当的改造字形,逐渐形成了一种简便易写的新字体——秦隶。它的出现为汉隶的产生奠定了基础,是古文字向今文字的重要过渡阶段。

今文字即隶楷阶段的汉字,从汉代一直延续至现代。汉初文字承接秦制,秦隶结构日渐简化,线条日渐匀称,笔势的波磔日渐规整,也就逐渐形成了汉隶。隶书是两汉的主要通行字体,用于庄重严肃的场合,而在人们起草文件和通信中则多使用草书这种简便字体。到东汉晚期,在隶书和草书的基础上形成了行书,大约在汉魏之际,又在行书的基础上产生了楷书。经过魏晋二百年左右的时间,楷书最终确定了它的统治地位,而行书也演变成为介于楷书和草书之间的一种字体。行书书写速度快,又不像草书那样难以辨认,因此具有很高的实用价值。与此同时,草书更为简化,更不易辨认,唐代以后,完全成了一种供欣赏的艺术品。

汉字从甲骨文到现代的楷书,从古文字到今文字的演变以及古、今文字内部各个阶段的变革,可以总结出几条明显的演变规律:简化、声化、规范化。

简化是汉字发展演变过程中最为明显的规律。或者由于书写工具的改进(由刀刻、范铸、毛笔书写到雕版印刷),或者由于书写载体的变化(由甲骨、青铜器、简帛到纸张),更由于汉字作为记录汉语的工具的性质,字形简化在汉字发展各个大的阶段之间极其显著。比如"马"从早期的象形字到今天的简化字:　(商代金文)—　(甲骨文)—　(西周金文)—　(春秋金文)—　(战国文字)—　(小篆)—馬—马,图绘逐渐变为线条、象形性逐步减弱以致消失、笔画越来越少越来越便于书写等演变,是极其直观的。其实在汉字发展的每一个阶段内部，简化也是司空见惯的，如甲骨文的"车"字有 ▨、▨、▨、▨、▨、▨、▨、▨、▨等繁简不同的形体；金文的情况也一样：▨、▨、▨、▨、▨、▨、車，看得出有的极其象形（两轮、车厢、轴、辕、轭皆忠实描摹），有的与今天的繁体字形几乎没有区别。汉字进入楷书阶段之后，字体上虽然没有大的变化，但字形上的简化依然没有停止，在不少场合，俗体、简体大行其道。建国后的汉字简化工作是遵照汉字简化规律的因势利导，所选用的简化字不少都是历代使用过的简体字，所使用的简化方法（如起用古体：從→从、禮→礼；局部代全体：飛→飞、聲→声；改换简易的声旁形旁：態→态、鼈→鳖、驚→惊）也基本上都是历代一直使用过的。

然而汉字并不是越简越好，表意是否明确、字形之间是否有足够的区别度，是这种记录语言的符号好用与否的标志，因而汉字发展演变"简化"的大趋势中同时存在着相当多的繁化现象，包括个体汉字的笔画数增加和总体汉字的数量增多。文字数量历代累增是人所共知的，单字笔画数的增加则比较复杂。单字繁化绝大多数是为了"词有专字、字代专词"的表达需要而增加部件，如▨—▨（其）—箕（箕）、▨—蜀—蠋、巨—矩—榘、亩—禀—廪；有的是为了区别易混字而增加笔画或变换书写方式，如月（▨）—肉（▨）—角（▨、▨）—冃（▨）。这类繁化虽然表面上增加了书写的负担，但都是必要的，因而也就保留至今。有些繁化并不为了增强表意的需要仅仅为了字形美观而添加装饰性笔画或部件，如"用"写作 ▨、▨、▨，则是临时性的，绝大多数也是昙花一现，因而也就基本上被淘汰。

汉字笔画繁与简的关系是辩证的，在制定汉字政策、汉字规范等工作时要妥善处理二者的关系，在便于书写和便于使用二者之间寻找最佳结合点。正如澳门语言学家程祥徽先生所说："汉字可以简、应当简,但不能无休止的简下去,也不要为简而简,以为少一笔少一划就容易掌握。"这方面我们也曾有过教训,1977年公布,1986年废止的《第二次汉字简化方案(草案)》中的简化字,实际上就没处理好汉字简与繁的关系而一味追求笔画的简省,反而不便于使用。

所谓声化就是形声字所占的比例不断增大,大量的非形声字被改造为形声字。在各种结构类型的汉字中,形声字的能产性以及与汉语的适应性最强,因而发展也最快。在早期的古文字里,象形字和会意字占了很大比重,然而这些字或者由于意义的引申或者出于同音假借,常常被用来表示与其本义或很远或无关的意义,如 ᛊ(益)本来表示"水从器皿溢出"(此义后来加水旁作"溢"),引申为"利益、益处"等意义;ᛊ(自)像"鼻子之形"(此义后加畀声作"鼻"),借用作介词和第一人称代词。引申和假借在汉字使用中都极其常见也十分必要(很多字无形可象,假借就弥补了象形法的造字之穷。在所有甲骨卜辞中,假借字占70%左右),但同音词过多、一字身兼数职严重,势必造成混乱,在汉字表义明确性的驱使下,这些字绝大多数后来都加注意符或声符而变成了形声字(前文所说的繁化,是形声字的重要来源)。形声字从甲骨文时期产生,战国时期已完全成熟并快速发展(根据形声规律,大量的把非形声字改造为形声字、用声符和意符直接拼合造形声字),到今天已经完全占据主体。它占全部汉字的比例从甲骨文(所识字)的20%多,到金文的50%,到小篆的80%,再到今天的90%以上,声化的趋势极为明显,这也标志着汉字构形系统的逐步成熟。

如果说简化、声化是汉字演变过程中自发的、隐含的规律,规范化则是使用者有意的、人为的调整。汉字的演变趋势虽然很明朗,但具体的演变过程却是极为复杂的。异体众多,讹变不断,这些都不利于汉字在社会交际作用的有效发挥，因此历代学者和政府都很重视文字的规范和统一工作。甲骨文异体现象异常繁杂，有的偏旁位置不固定，如"牝"可写作▨、▨、（意符牛的位置不同）；又可作▨、▨、▨（变意符为豕、羊或虎）；有的部件繁简不同，如"齿"可作▨、▨、▨、▨、▨，"阜"可作▨、▨等。异体众多以及书写的随意性非常不利于社会的交流和国家政策的实施，于是西周统治者就采取了文字规范措施。《周礼·春官》记载"掌达书名于四方"，"书名"指文字，这大概就是统一全国文字的工作。在周宣王时也曾命令太史作《史籀篇》对童蒙文字进行规范。秦始皇统一全国之后，成功地进行了"书同文"的工作，废除了与秦文不合的异体，基本上结束了战国时期"文字异形"现象；唐太宗敕令颜师古撰成的《五经定本》，唐玄宗颁布的《开元文字音义》，学者颜元孙的《干禄字书》等，对楷书字形的统一起到了重要作用。新中国成立之后，国家积极开展了以简化字形、精简异体为主的大规模汉字整理和规范工作。

历史经验告诉我们，汉字的规范整理不仅是一项必要的语言文字工作，更应该作为一项国家大计来重视。又因为汉字的变化是常有的，每一次规范和整理工作之后，新的变化又会产生，因此整理工作不是一劳永逸的，每隔一定时间就要重新对汉字进行整理和规范。

* 本文的写作参考了王凤阳《汉字学》、张桂光《汉字学简论》、董琨《中国汉字源流》等著作。

（陈双新，北京语言大学教授；
李娜，河北大学历史学院讲师）

谈汉字简化的优化原则

王立军

 汉字是记录汉语的书写工具，其自身功用决定了它必须朝着便于书写的方向发展，简化是贯穿整个汉字发展历史的一条重要规律。秦始皇的"书同文"，其实就是一次以官方名义开展的汉字简化运动，当时推行的标准字体小篆就是在大篆的基础上省改而成的。其后的隶书更是对汉字形体进行了大幅度的简化，它对小篆进行改造的目的同样是为了趋于简易，从而满足日益繁杂的社会事务的需求。进入楷书阶段之后，汉字简化的趋势仍然没有终止，魏晋元明清历代文献中都可以找到简体字的用例，只是当时的官方和文人阶层对简体字都持排斥的态度，称之为"俗字"，无法获取正字的地位。直到民国时期，人们对简体字的认识才有所转变。1922年，钱玄同、黎锦熙、杨树达等人在国语统一筹备委员会上提出《减省现行汉字的笔画案》，十分明确地指出："文字本是一种工具，工具应该以适用与否为优劣之标准，笔画多的，难写、费时间，当然是不适用。笔画少的，容易写、省时间，当然是适用。"提案主张把过去只通行于平民社会的简体字，正式应用于一切正规的书面语上，并提出了简化汉字的八种方式。1932年，国民政府教育部公布了国语统一筹备委员会编的《国音常用字汇》，收录了宋元以来部分"通俗的简体字"，并指出"现在应该把它（简体字）推行，使书写趋于约易"。1935年8月，国民政府教育部公布了《第一批简体字表》和《各省市教育行政机关推行部颁简体字办法》。这是历史上由政府公布的第一个简体字表，虽然半年后因遭到部分人反对而收回，但其意义仍然十分重大。新中国的汉字简化政策在不少方面借鉴了民国时期的做法。1956年1月，国务院通过了《汉字简化方案》，这既是当时建设新中国的需要，也是汉字自身发展的必然要求，是对此前楷书简体字的集中整理和正式认可，在汉字发展史上占有重要地位。1964年编制的《简化字总表》(1986年重新发表)，是对《汉字简化方案》的进一步发展，充分体现了中国政府对汉字简化工作的重视。经过五六十年的应用，《汉字简化方案》和《简化字总表》产生了很好的社会效果，但也暴露出一些不足之处，这些瑕疵值得我们认真研究，以便对汉字简化工作做进一步完善。

汉字简化是汉字的自然发展和人为干预的双重结果，这两个方面不仅缺一不可，而且要配合适度。过分地依赖自然发展，汉字的简化就会处于无序状态；过多地进行人为干预，难免会出现违背汉字自身规律之处。简化虽然是汉字自身功用的必然要求，但汉字并不是越简化越好，而是要以优化为根本原则。汉字简化的优化原则主要表现在以下几个方面：

一、区别性原则

汉字职能的发挥，是两个不可缺少的环节合成的，这就是书写和识认。就书写而言，人们总是希望符号简单易写；而就识认而言，人们又希望符号丰满易识。然而汉字越简化，就越容易丢掉信息，给识别带来困难；追求信息量大、区别度大，又难免增加符形的繁度，给书写和记忆增加负担。二者的要求是矛盾的。汉字简化必须充分认识到这种矛盾，以保证简化字有足够的区别度，否则就会损害汉字的表达功能。如1977年中国文字改革委员会发布的《第二次汉字简化方案（草案）》，不顾"约定俗成"的原则，过分追求汉字形体的简化，大幅度减省汉字的笔画和部件，如将"部"简化作"卩"，"街"简化作"丁"，"雪"简化作"彐"，严重影响了汉字的构形规律和区别功能，很难为广大人民所接受，因而不久就被废止了。再如《简化字总表》中的"同音替代"法，有时也容易造成职能上的混乱。如将"像"简化作"象"、"餘"简化作"余"、"摺"简化作"折"，并分别注释说："在象和像意义可能混淆时，像仍用像。""在余和馀意义可能混淆时，馀仍用馀。""在折和摺意义可能混淆时，摺仍用摺。"这样，到底什么时候该用哪个字，很多人根本区分不清。这种简化看起来是想减少一个字，实际上不仅字数没能减少，反而搞乱了字的职能，使人无所适从，影响了表意的明确性，给使用者带来了更多的麻烦。

二、理据性原则

汉字是表意体系的文字，只有保持汉字构形的表意特点，汉字才能显示其存在的价值。汉字简化必须坚持理据性原则，以最大限度地保持汉字的构形理据为前提。形体简化和保持理据之间确实有矛盾之处，但也并非绝对对立。有人指责简化字全面破坏了汉字的理据，这种说法未免有失偏颇。事实上，繁体字在理据清晰度上并不都优于简化字。如繁体字"郵""審"二字，按《说文》的说解是会意字，但如今还有多少人知道"郵"字是如何由"垂""阝"会意的，"審"字又是如何由"宀""番"会意的呢？相对来说，它们的简化字"邮""审"改成了形声字，在理据上变得更为清楚了。再如繁体字"態、織、戰、躍、繡、憲、遷、遞"等，名义上是形声字，但它们的声符已与整字的读音相差很远，而且笔画也比较繁复，将它们简化为"态、织、战、跃、绣、宪、迁、递"，声音上更接近了，笔画也更简单了，这样的简化既方便了书写，又强化了汉字的理据，很好地实现了优化的目标。

当然,《简化字总表》中确实有一些简化字丧失了表意性,如"親"字省去了表意部件"見","愛"字省去了表意部件"心",从而成了"不见之亲""无心之爱"。特别是一些"符号替代"和"草书楷化"的简化字(前者如"凤",后者如"书"),对汉字理据的损害比较严重,这样的简化方式不宜过多采用。

三、系统性原则

汉字在长期的发展过程中,逐渐形成了日益严密的符号系统。对汉字形体的简化,也应该充分考虑系统性原则,而不能单纯追求个体字符的笔画减少。但是,由于简化字来源复杂,从历代文献或民间"俗字"中采集的简体字,本来就不是成系统简化的,相互之间必然缺乏有机的联系。如"鄧""燈""凳"三字,本来都是以"登"为声符的,属于一个声符系统。把"鄧"简化作"邓"、"燈"简化作"灯"后,"邓""灯""凳"成了在形体上毫无联系的三个字,从个体字符的角度看是变简单了,但从系统的角度看却是变复杂了,这样的简化反而会增加人们记忆的负担,因为没有规律的事物是最难掌握的。为了较好地保持简化汉字的系统,使之既利于书写,又便于识记,《汉字简化方案》采取了"类推简化"的方法,即《简化字总表》第二表所列132个简化字和14个不能独用的偏旁,在用作其他字的偏旁时也同样简化。应该说,"类推简化"的原则总体上是成功的,这一原则使得简化字在一定范围内保持了内部的系统性。但是,当时的类推简化并没有明确限制范围,当一系列大中型字典辞书相继问世,大型计算机字库相继建立,简体版的古籍纷纷出版时,类推简化的范围便无限扩大,问题也就逐渐显露出来:《简化字总表》一表不允许类推,二表允许类推,这样就存在两种不同的简化方式,字数大量增多后,两种简化方式的矛盾就会被放大,这样反而影响了简化字的系统性;有些繁体字类推简化后,原字的结构被破坏,影响了构字的理据,也破坏了字形的美观;有些辞书收字时,对汉字不限部位、不限层次、不限功能地无限类推,在汉字本来数量繁多的情况下,又人为地造出大量历史上从来没有使用过的"人造字",既违背了辞书存储汉字的历史真实性原则,也使汉字的总体系统繁化甚至混乱,给应用领域带来不便。因此,类推简化必须限定在通用汉字的范围,而不能无限类推。

在《通用规范汉字表》研制的过程中,曾针对简化字中部分违背优化原则的现象做过专门研究,并曾根据某些意见提出过调整若干繁体字的方案,在不同层面征求意见,并做了一些科学实验。最终形成的认识是:在全民已经使用简化字半个世纪以后,如果调整部分繁体字,可能造成文化教育领域的波动,不利于社会用字的稳定。而且,即使为大家广为诟病的简化方式,也并非全部不合理,如何恰当地采用这些简化方式,还需要大量扎实的科学研究与社会调查,在情况不甚明了之时必须慎重行事。汉字系统是一个整体,牵一发而动全身,感想式的任意调整部分繁体字,也是有失科学的。因此,此次《通用规范汉字表》的制定,暂不对繁体字的问题进行调整。

(王立军,北京师范大学教授,《通用规范汉字表》研制组成员)

利国便民的重要语文工程
——学习《通用规范汉字表》四人谈

费锦昌　高家莺　范可育　颜逸明

整合优化　利国便民

颜逸明：《通用规范汉字表》已由国务院公布。这样高的规格，在半个多世纪以来先后发布的语言文字规范标准中，只有1956年的《汉字简化方案》可以与之相比。有人问，已经有了《简化字总表》《现代汉语通用字表》等，为什么还要花费人力物力去研制《通用规范汉字表》呢？

费锦昌：社会是发展的，社会语文生活也在发展。最明显的变化至少有三：(1) 民众一般应用层面的用字相对集中了，这是汉字规范工作长期引导的成果。基础教育以常用字表为依据，民众日常书面交际、社会常见读物也都以常用字表和通用字表收录的字种为首选。(2) 随着科技和文化的发展、提高，科技用字和普及性的文言文用字不断进入民众的日常生活。比如药品把一些化学用字带进了寻常百姓家，我正在服用的西药"硫酸羟氯喹片"，就用了"羟"（qiǎng）、"喹"（kuí）等化学用字。有影响的人物讲话、作文时经常引用古代的经典名言和诗词，老百姓也就跟着增多了接触文言文用字的机会。(3) 数字化、信息化的日新月异，对汉字规范化、标准化提出了新要求。户籍、邮政、金融、护照,甚至医院看病叫号的信息存储和检索,对规范字表收录人名、地名中具有个性化的用字提出了迫切要求。研制《通用规范汉字表》是社会语文生活发展的需要。

范可育:我有个亲戚,名字中用了个罕用字:"金"下两个并列的"王"(此字同"珍")。多年前他原本想出国探亲,但因为名字中这个生僻字,出国手续迟迟办不下来,一拖几年,最终放弃了出国的想法。我一直认为起名用生僻字是自找麻烦,但对老百姓喜欢用的若干"吉祥字"进不了规范字表也总有些遗憾。《通用规范汉字表》在三级字表中收录了"喆""堃""昇""淼"等字作为人名用字,方便了百姓,也起到引导作用。

高家莺:我国现行汉字规范标准是20世纪50年代以来陆续制定的,如《第一批异体字整理表》(1955年)、《简化字总表》(1986年新版)、《现代汉语通用字表》(1988年)等。这些字表发布的时间,长的已有五六十年,短的也有一二十年。因为研制的指导思想、技术手段、面对的社会用字状况不同,它们不可避免地存在一些疏漏和相互矛盾的地方。这些字表已经不能很好地满足现实应用的需要。举几个例子:(1)1955年发布的《第一批异体字整理表》中,已有29个异体字被后来发布的字表、文件恢复为规范字。(2)当前民众语言生活中叹词、拟声词的使用明显增多,但《现代汉语常用字表》中缺收"哦""啪""哇""嘻"等字。(3)《简化字总表》收录的"呐"字是《部分计量单位名称统一用字表》(1977年)确认的"淘汰的译名"用字。(4)"蘋果"的"蘋(píng)"和蕨类植物的"蘋(pín)"是两个异音同形字,把它们统一简化为"苹"属于疏漏。可见,研制《通用规范汉字表》是汉字规范标准优化的需要。

范可育:《国家通用语言文字法》是我国语言文字事业的大法。

它明确规定语言文字工作的主要任务之一是"推行规范汉字"。"规范汉字"不只是语言学的名词术语,也已成为我国的一个法律概念。要使推行规范汉字这一任务落到实处,需要科学实用的"规范汉字表"支撑。因此,研制、公布《通用规范汉字表》是落实《国家通用语言文字法》的需要,是《国家通用语言文字法》应有的配套规范。

颜逸明: 综上所述,无论是为了满足社会语文生活发展的需要、汉字规范标准优化的需要还是落实《国家通用语言文字法》的需要,最终目的都是为了利国便民。

高家莺: 我们推行的"规范汉字",原先缺少一个科学的定义,以致造成有些人的误解,误认为只有我们中国大陆发布的字表收录的是规范汉字,其他表外字都成了不规范字。

费锦昌:《通用规范汉字表》研制组给"规范汉字"下的定义是:"经过系统整理、由国家发布、通行于大陆现代社会一般应用领域的标准汉字。""经过系统整理"保证了科学性,"由国家发布"标明权威性,"通行于大陆"确定地域性,"通行于现代社会"指明时代性,"通行于一般应用领域"明确使用层面。可见,《通用规范汉字表》未收的字,仅仅不是中国大陆现行的"通用规范汉字"而已。

颜逸明: 有人问,为什么在"规范汉字表"的前面要加上"通用"二字?大家知道,汉字的社会使用是区分层面的。《国家通用语言文字法》推行的"规范汉字"是在时代、地域、通行层面等方面都有明确界定的汉字字集。有人总希望主管部门发布的规范汉字表能够"包打天下",能够适用于任何时期、任何地域、任何人群、任何场合,这样的想法不切实际。作为记录汉语的交际工具,汉字的字量不是越多越好。在当前社会语文生活中真正有用的汉字字种应该是有限的。有鉴于此,在字表的名称上把该表的适用范围予以明确界定,有利于学习和使用。

高家莺：总之，《通用规范汉字表》通过对以往规范字表的整合、优化、补充、调适，用一份字表涵盖了以往多个字表的功能，集分散规范于一体，既增强了科学性，又方便了学习和使用，真可谓"一表在手，用字不愁"。

科学定量　合理分级

范可育：汉字的总数有多少？无人能准确回答，往往以工具书或字库的收字量为依据。1994年9月28日《新民晚报》报道，由中华书局和中国友谊出版公司发行的《中华字海》收字86000多个。1999年11月17日《文汇报》报道，北京国安资讯设备公司汉字字库收录有出处的汉字字形共计91251个。国际编码ISO10646字符集收字将近80000个。

费锦昌：汉字字数众多，但实际使用的字量有限。著名文字学家裘锡圭先生指出："从商代到现代，一般使用的汉字的数量似乎并没有显著的变化，很可能一直在五六千左右徘徊。"当然，具体的字种，从商代到现代是有变化的，但用到的字数没有大的变化，这是受到文字作为交际工具这一基本属性的制约。据王凤阳先生统计，《尚书》全书总字数24538字，用到的不同汉字1941个；《论语》全书总字数15918字，用到的不同汉字1382个。据易熙吾先生统计，《十三经》总字数589283字，用到的不同汉字6544个。

据武汉大学语言自动处理研究组用计算机统计，老舍《骆驼祥子》全书总字数107360字，用到的不同汉字字数只有2413个；赵树理《三里湾》全书总字数124114字，用到的不同汉字只有2069个。

范可育：为什么洋洋一二十万字的作品只用了二千多个不同的汉字呢？这跟不同汉字的不同使用频率和使用度有关。据《现代汉语频率词典》统计，"的"字的出现次数是75306次，而在相同语料中，"乾、蔷、薇"等400多字，每个字只出现1次。著名语言文字学家周有光先生总结出"汉字效用递减率"：最高频1000字的覆盖率大约是文本的90%，以后每增加1400字提高的覆盖率大约只有十分之一。前2400个高频字的覆盖率可以达到99%，而在频次统计表6600号以后的汉字，不管用了它们中多少个字，总的覆盖率不会超过0.001%。换一个表述方式，就是对现代汉语来说，不到七千个汉字在一般出版物中的覆盖率是十万分之九九九九九，此外不论多少个汉字的作用只有十万分之一。可见，汉字中，有的字常用，经常出现；有的字不常用，难得露面。它们在文本中的使用度和覆盖率是不同的。常用字适应人们的共同需要，非常用字满足人们的特殊需要。

费锦昌：为了学习和使用的方便，人们总是要先学习经常用到的字。汉字的定量和分级可以说自古就有。历史上著名的蒙学课本《三字经》《百家姓》《千字文》（俗称"三百千"）就是从记录日常记事、历史叙述、姓氏人名等用字中筛选出来的。跟今天的字频统计不同的只在于，现代靠计算机，古代靠语感、字感和经验。上世纪二三十年代，著名教育家陈鹤琴先生曾用人工统计55万多字的书报语料，得出不同汉字4261个。这是我国最早有意识地、从教育学的角度进行的汉字字频统计工作。

颜逸明：自从计算机介入汉字研究以后，汉字字频统计工作开创了全新的局面，速度之快、精度之高是人工统计所无法比拟的。字频统计的科学性还取决于三个条件：一是语料的字量，二是语料的年代跨度，三是语料在门类、领域上的覆盖度和均衡度。

高家莺：《通用规范汉字表》根据汉字使用频率、通用程度的不同和适用对象、使用要求的差异，对收录的8105字进行合理分级。汉字分级是客观存在的反映，并非字表研制者的主观设计。分级的目的是为了增强字表的实用性，有效提高汉字学用的效率。

费锦昌：《现代汉语常用字表》（1988年）与《通用规范汉字表》（2013年）的一级字表收录的都是常用字，字数都是3500个，二者的不同之处在于置换了103字，置换率近3%，就是每100个字中换了3个字。《现代汉语常用字表》中有103字未进入《通用规范汉字表》的一级字表，《通用规范汉字表》一级字表另外收录了103个出现频率更高的常用字。发生这种变化的原因是字频统计工作在这二十多年中科学化程度更高了。据说，按字频的高低排列，《通用规范汉字表》收录到2700多字时，覆盖率已经跟《现代汉语常用字表》3500字等同。为了尊重民众的习惯，一级字表扩充编制，仍收3500字。也就是说，掌握了《通用规范汉字表》的3500个一级字比原先《现代汉语常用字表》的3500字使用的效率更高了。

高家莺：过去语文教学中，有的教师往往着力教那些难字、僻字，而忽略了常用字的教学，导致学生在日常使用汉字时，读错字音、写错字形、弄错字义的情况比比皆是。一届届毕业生走进社会，由于他们在校时没有学好常用字，致使社会通用层面用字的整体水平下降。在歌舞比赛扎堆的背景下，中央电视台独具慧眼，举办了"中国汉字听写大会"，警醒民众要保护汉字，弘扬汉字文化，在全社会获得良好的反响。但在决赛阶段，为了分出高下，举办者无奈地抛出大量生僻的书面语词作为试题，比如"骓骝""愣葱""捍蔽""婉娈"等等，以致在比赛现场的某大学教授连连惊呼："这都是什么孩子啊！这样生僻的词语也能写出来！文曲星下凡啊！"最后，由于试题过于生僻,引起社会上关于裁判是否误判,导致冠亚军反置的争论。我以为测试这些难字、僻词,容易偏离语文现代化方向,客观上会对参赛者和电视机前的成千上万学生起到不良的导向作用。现在不是已有参赛者在背字典、啃古文了吗?希望下届比赛时着重测试常用和通用词语,可以在试题中引进书写元素和字用元素,以此来提高试题难易的区分度。

范可育:《通用规范汉字表》三级字表收录的 1605 字提升了字表的"生涩度",招来不少非议。以 404 个地名用字为例,字表把乡镇以上的地名用字全部收录,还收了部分村级地名和部分自然实体名称的用字。对于全国大多数人来说,这些字绝大多数是罕用字、生僻字,但这些生僻字对于当地人以及跟当地联系较多地区的百姓来说,它们又是常用字。比如"垟"(yáng,田地,多用于地名),我这个以语言文字学为专业的人平时也很少接触到,但对于浙江温州一带,特别是翁垟、黄垟的百姓来说,"垟"是天天要碰面的常用字。正因为有这样一个特性,《通用规范汉字表》把"垟"这类字收入三级字表,使它们获得了"通用规范汉字"的身份证。这样做既不会加重全国大多数民众的负担,又保证了这些特殊领域用字在电脑字库中的位置。在现今科技发达的信息时代,在电脑字库里增加若干个姓氏人名用字、地名用字、科技用字、普及文言文用字应该不是解决不了的难题。由于这些字进入了《通用规范汉字表》三级字表,将给户籍、邮政、信贷、金融、科技和旅游、办理出国护照等用字带来很大便利。

颜逸明:使用三级字表中的字,要注意字表的注解。如"邨"原是《第一批异体字整理表》认定的"村"的异体字,已被淘汰。《通用规范汉字表》把它收入三级字表,并在注解中限定"可用于姓氏人名",如"钱杏邨"(著名文学理论批评家)、"马南邨"(邓拓的笔名)等。为什么此注解不把"地名"也包括在内呢?我们理解,这是为了维护半个多世纪以来异体字整理工作的成果。把恢复的"邨"限制在姓氏人名,而乡村、村庄的"cūn"仍应写作"村"。可以说,三级字表里恢复的异体字,许多是有限制地使用,跟一级字表、二级字表收录的字相比,使用的条件是不同的。

坚持简化 保持稳定

范可育:如何正确处理简化字与繁体字的关系,同时保持汉字使用在一定时期内的稳定,一直是全社会关注的焦点。《通用规范汉字表》研制组坚持汉字简化的方向,对简化汉字的认识和评价是令人信服的。他们从四个方面肯定了简化字的作用与地位:一是方便了几亿人的认字和写字,二是加快了我国普及教育和成人扫盲的步伐,三是简化字已经成为传播现代信息和国际交流的载体,四是简化字在传统文化现代化方面也起到了十分积极的作用。结论是:简化汉字已经成为国内外大多数汉字使用者的习惯,根据文字使用社会性的原则,坚持简化的方向是完全正确的。比如已被有些语文工具书恢复为字头的"濛",《通用规范汉字表》还是坚持《简化字总表》的做法,仍用"蒙"来简化。写作"细雨蒙蒙"并不会造成语义混淆。有人说,"蒙"加"氵"旁才能与"细雨"相应,那么,沙尘暴造成的"蒙蒙"是不是还要加上"石"旁呢?

颜逸明:《通用规范汉字表》研制组十分重视解决民众在使用简化字过程中遇到的问题。比如一个简化字对应两个甚至三个繁体字(或传承字)的时候,简繁转换经常出现差错,闹出了"歌後鄧麗君""秀美理發廳""窗明幾净""封麵設計"等笑话。字表研制组从便于民众使用出发,在《通用规范汉字表》后附了《规范字与繁体字、异体字对照表》,列出字表中3120个规范字及相应的繁体字、异体字,收录了与2546个规范字相对应的2574个繁体字,还对96组一个规范字对应多个繁体字(或传承字)的字际关系进行了分解。又在《〈通用规范汉字表〉解读》一书中列表做了更加详细的分解说明,明确了它们之间的字用分工职能。这些务实的做法对于民众正确掌握和便捷使用简化字十分有用。

高家莺:为了坚持汉字简化方向,确保《通用规范汉字表》不恢复一个繁体字,字表研制组妥善处理了一些很难处理的问题。比如"剋(kè)",《简化字总表》把它作为"克"的繁体字。但"剋"另有kēi音,字义为"训斥、打人"。这一音义的"剋"原有较浓的方言色彩,但现在已经进入共同语,所以,字表把它与"克"分开,就是不把它看作"克"的繁体字,而视为"克"的繁体"剋(kè)"的同形字,收入二级字表。

范可育:类似的还有"二噁英"的"噁(è)",字表类推简化后收为三级字。有的人误解为恢复了繁体字。其实,"二噁英"的"噁"是作为科技用字收入三级字表的。它与"恶心"的"恶"的繁体"噁(è)"是两码事儿。这两个字只是同形字,读音也不同。

费锦昌:还有"钟""锺"二字。《简化字总表》把"鐘""錘"都简化为"钟"。《通用规范汉字表》沿用《简化字总表》,但在三级字表中增收简化字"锺(錘)",注明"用于姓氏人名时可简化作'锺'"。"锺"用作人名时,也是有字义的,如"钱锺书"的"锺"就是"(情感等)集中;专注"义,按照编字典的一般常理,应该把简化字"钟""锺"分为两个字头,把原先属于字头"钟[1](錘)"的三个义项归属于字头"锤(錘)",但《通用规范汉字字典》仍维持原先的做法,即字头还是分为"钟¹(鍾)"和"钟²(鐘)",只在提示中注明:"《通用规范汉字表》确认'鍾'用于姓氏人名时可简化作'锺'。"为什么要这样处理?研制组的苦心是既要保持把"鐘""鍾"都简化为"钟"这一繁简关系不变,"鍾爱"仍简写作"钟爱","鍾情"仍简写作"钟情",使社会语文生活不出现字用习惯的变化,又要照顾到社会民众已经在姓氏人名中广泛使用简化字"锺(鍾)"这一现实状况。研制组把日常语境与特殊语境都照顾全了,表现出研制工作的原则性与灵活性。

颜逸明:类推简化是汉字简化课题中的一个重要问题。由于《简化字总表》(1964年)"说明"中有这样的规定:"未收入第三表的字,凡用第二表的简化字或简化偏旁作为偏旁的,一般应该同样简化。"这么多年来,在明知无限类推简化将给汉字系统带来许多弊病的情况下,类推简化的势头仍是有增无减。

费锦昌:《通用规范汉字表》研制组曾以《简化字总表》第二表为标准,对《汉语大字典》54678字范围内所有符合条件的繁体字做了穷尽性的类推简化,共得出新的类推简化字形12818个,增幅达23.5%。其中出现许多同形字和不符合汉字结构规律的怪字形,而这些新增字形在当今又没有任何实用价值。由此,当时的研制组曾得出"对全部繁体字进行类推简化,既无必要也无可能"的结论。

高家莺:研制组对汉字的简化持谨慎态度。为了保持汉字字形的相对稳定,《通用规范汉字表》对类推简化采取严格掌握的原则。字表的"说明"告诉读者,在《简化字总表》和《现代汉语通用字表》未收的类推简化字中,经过严格甄别,《通用规范汉字表》只增收了226个类推简化字,承认它们"通用规范汉字"的资格。这等于宣布,除了这226个类推简化字外，社会上出现而未被收入《通用规范汉字表》的其他类推简化字，都不属于"通用规范汉字"之列。《〈通用规范汉字表〉解读》则在指出无限类推的弊端后，明确宣布"今后表外字不再类推"。"说明"和《解读》从不同的角度对类推简化表达了相同的意见和态度。在文物古迹、书法、篆刻等学术特殊领域工作的人，都有能力掌握繁体字，根本没有必要再增添历史上从来没有用过的"人造字"。明确宣布"今后表外字不再类推"是对简化汉字优化工作的一大贡献。

费锦昌：有人担心"今后表外字不再类推"后，会出现大型工具书字头繁简并存的状况，甚至在个别文章、个别语句中同时出现简化字形和繁体字形的尴尬局面。我们认为，只要做出"今后表外字不再类推"的规定，这种个别情况是很难避免的，这是我们文字生活中存在简化字和繁体字两个文字系统的客观反映。如果能用对这种极少量尴尬的容忍换取对"人造字"没完没了滋生的有效遏制，对于简化字的稳定和健康发展来说，将是一件非常有益的事情。世事没有十全十美，我们只能两害相权取其轻，两利相衡取其重。

调整正异　求稳务实

颜逸明：异体字数量众多，给民众的学习和使用带来诸多不便。特别在信息时代，冗余的汉字会直接影响信息传播的速度和信度。《通用规范汉字表》研制组对异体字的处理遵从科学、稳定、求实三项原则。

范可育：1955年发布的《第一批异体字整理表》一直是语言学界批评较多的汉字规范标准。长期分管语言文字工作的胡乔木在1986

年也说:"《第一批异体字整理表》认真研究和讨论不够,做得比较潦草。"这些年来,《第一批异体字整理表》认定的异体字中已有29个被后来发布的字表、文件恢复为规范字。如何妥善处理异体字是《通用规范汉字表》研制组面临的一个难题。

费锦昌:首先遇到的问题是,整理异体字按照什么标准?语言学界公认的异体字是:音义全同、记词职能完全一样、仅仅字形不同的字,如"册[冊]""群[羣]""凳[櫈]""睹[覩]"等,研制组视为严格的异体字,有的文字学家称之为"狭义异体字"。《第一批异体字整理表》除了收录严格异体字外,还收录了非严格异体字,一是包孕关系的异体字,即甲字的音义多于乙字,如《现代汉语词典》中,"豆"分列两个字头,共有四个义项,"荳"只在"黄豆、绿豆的豆"这个音义上与"豆"构成异体字关系,在"咖啡豆""古代盛食物用的器具"等义项,"豆""荳"不是异体字关系;二是交叉关系的异体字,即甲字只有部分音义跟乙字的部分音义相同,如"夹""挟"只在字音是jiā、字义是"夹在胳膊底下"时构成异体字关系。研制组把它们视为非严格异体字,有的文字学家称之为"部分异体字"。《第一批异体字整理表》把非严格异体字也作为整理对象,并且一律采用淘汰的办法处理,曾给社会用字带来不便。典型的例子如"熔[鎔]",不恰当地淘汰了"鎔",一度给报刊在报道有关"朱镕基总理"的消息时造成麻烦。《通用规范汉字表》研制组把严格异体字和非严格异体字区别开来,分头加以整理是非常正确的。

高家莺:据说,《通用规范汉字表》研制组一开始曾想按严格异体字的定义整理异体字,即除了音义相同、职能相同、仅字形不同的字作为异体字淘汰外,其他一律不按异体字处理。这样做,严格是严格了,但涉及的字种太多,不利于社会语文生活的稳定。《第一批异体字整理表》发布五十多年来，人们已经习惯遵行，如果完全推倒不算，会造成社会用字的混乱，给大众书面交际带来不便。更何况非严格异体字的整理在字用合并上也有一定的合理性，比如"熔""镕"在"熔化"这个义项上确实是异体字关系，在这个义项上取"熔"舍"镕"是合理的。有鉴于此，研制组决定，《通用规范汉字表》对非严格异体字仍尊重《第一批异体字整理表》的合理部分，尽量减小调整的幅度。

范可育：对于严格异体字，主要是经过查核，确认其异体关系，处理起来比较简单。对于非严格异体字，《通用规范汉字表》调整的方式大致有三：

（1）对于义项完全能够被正字包含的非正字，《通用规范汉字表》予以认可，归入异体字栏。书写现代汉语文本时，必须采用正字。如"殷[慇]"：

殷 yīn ①丰盛，丰厚。②深厚。③殷勤。④殷朝。⑤姓。

慇 yīn 殷勤。

异体字"慇"的义项完全被正字"殷"所包含。"慇"归入异体字栏，书写现代汉语文本时必须用"殷"。

（2）对于义项无法被正字完全包含的非正字，《通用规范汉字表》一方面将其视为规范字，另一方面将其放入《通用规范汉字表》附表1的异体字栏，加注说明其使用范围。表示在书写现代汉语文本时，除已经规定的特定意义外，仍不能作为规范字使用。如"雠"，《通用规范汉字表》收入二级字表，附表1的异体字栏加注：规定"雠（讎）"只用于"校雠""雠定""仇雠"等，其他意义用"仇"。

（3）对于义项与正字完全不同的非正字，《通用规范汉字表》不再将其放入异体字栏。

其中一部分在书写现代汉语文本时仍然有用，符合《通用规范汉字表》收字原则，则将其确定为规范字，收入字表，如"淡[澹]"：

淡 dàn ①含的盐分少。②含某种成分少。③不热心。④营业不旺盛。

澹 dàn ①（叠）水波起伏的样子。②安静。

tán【澹台】复姓。

《通用规范汉字表》不再把"澹"放入异体字栏，且将其收入二级字表，确定为规范字。

另一部分是罕用字或生僻字，不符合收字原则，则不再收入字表，如"趑[跐]"，二字音义均不同。"跐"这个字是"趾"的讹字。由于这个字是罕用字，在现代汉语通用层面没有使用价值，因而不收入《通用规范汉字表》。

高家莺：由于异体字在汉字总量中所占的比例很大，异体字自身的问题又相当复杂，《通用规范汉字表》坚持稳定的原则，把异体字的整理工作限制在《第一批异体字整理表》的范围内，且尽量减小调整幅度。

费锦昌：《通用规范汉字表》还对《第一批异体字整理表》中的不合理处进行了调整。将"晢、跫、勠"等6个异体字调整为规范字，将"钜、昇、仝、脩"等39个异体字在特定用法上调整为规范字。将"污[汙污]"调整为"污[汙污]"、"墙[牆]"调整为"墙[牆]"，共10组。将两个异体字组合并为一个："鹼[鹻]""碱[堿]"合并为"碱[堿鹻鹼]"。删除了"撚、挼、捼"等6个不与原正字构成异体关系的罕用字。

颜逸明：根据对汉字字际关系的科学分析，同时又考虑汉字整理的历史和实际情况，《通用规范汉字表》研制组对《第一批异体字整理表》重新整理,区分严格异体字和非严格异体字,既维护了严格异体字的科学概念,也对汉字的规范化起到了十分积极的作用。

(费锦昌,教育部语言文字应用研究所研究员;
高家莺,华东师范大学教授;
范可育,华东师范大学教授;
颜逸明,华东师范大学教授)

如何理解现代汉字的表意性

王 敏

汉字是表意文字的代表，形体与意义的密切关系是它区别于英文等表音文字的本质特点，这一点在诸多语言学、文字学的论著中都得到承认。但近些年来有观点认为，简化字损害了汉字的表意性。有人主张借《通用规范汉字表》研制发布的机会，恢复使用繁体字。这样看来确实有必要探讨一下如何理解汉字的表意性，特别是现代汉字的表意性，来帮助我们理解《通用规范汉字表》对简繁问题的处理。

原始文字用图画表示意思，比如画一个牛头表示"牛"，表意最直观，但是也距离语言最远，与其说是"表意"，不如说是"表象（物象/意象）"。字和字之间联系不密切，各表其义，缺乏系统性，文字和语言的对应也不够精确。任何一种文字都不能停留在这个阶段，一定会顺应记录语言的需要，逐渐向符号化发展。在这个过程中，直观的表意性会损失掉，表示语言意义系统的功能丰富起来，能够更准确地记录语言，文字本身也更具有体系性。

早期汉字如甲骨文、金文等，以象形字、会意字为主体，表意特点比较直观，有些字如同图画，一看就能明白。秦汉之后，汉字发展进入今文字阶段，代表书体是楷书。今文字与古文字的区别，从外形上一望可知：笔画平直，更符号化，更易于书写，但构字的部件很难再与最初造字所取的意象联系起来，所有字的象形性都荡然无存。虽然今文字与甲金文的形体有巨大差异，然而却未发生过质变，依然是表意文字，但它的表意已经转变为成熟的文字符号的表意性，需要从文字的体系性和文字符号记录语言的功能来理解。

以楷书为代表的汉字今文字利用已经形成的基础汉字字符作为部件，构成新字。这样，具体到某一汉字，当它作为新字的基础部件（及其变体）出现时，它的文字要素（形音义）在构成的新字中得到了继承和延伸；同时，所造新字在构字阶段就与既有汉字体系建立了紧密联系，纳入了汉语字义系统。这种系统的表意性意味着汉字的体系性、汉字与汉语结合的紧密程度都得到了提高。这种变化不是一夕之间出现的，而是在汉字漫长的发展过程中逐步形成的。形声造字法就突出显示了汉字表意性发生的这种变化。从甲骨文到金文、小篆、今文字，形声字在汉字中所占的比例越来越大，最终形成了以形声字为主体的今文字（包括现代汉字）体系。现代通用汉字中，形声字已占90%以上。对形声字本质特点的判断，可以说也就意味着对现代汉字本质特点的判断。

许慎在《说文解字》中总结了汉字的六种构字原理，也就是"六书"：象形、指事、会意、形声、转注、假借。一般认为前四种是造字法，后两种是用字法。就造字法而言，用象形、指事、会意等方法所造的汉字，通过分析一个字的各个构成部分（部件）如何结构成字，就能够大体理解这个字是什么意思。比如象形字"日、月"直接描摹物象，指事字"本"，在"木"的下端加上一个符号，指出是"树木下端"，也就是"树根"的意思；会意字"休"，用"人"倚靠在"树木"上的场景表达"休息"一下的意思。这些字通常可以表达具体的事物、现象，极少能传达较为抽象的含义，造字量也有限。当语言表达日益丰富，需要文字形式能够记录更多的词汇，一种更有效率的造字法——形声造字法得到了更为广泛的应用。

简单来说，形声字采用形符和声符构字。形符所表示的"义"通常是一个大概范畴，比如从"木"的字与树木有关，从"扌(手)"的字与手或手的动作有关等；声符提示这个字的读音，通常以韵母读音相同相近为基本条件，有的字也能够实现声韵调都相同。

形声字的形符示义显得宽泛，声符的主要功能是表音，这些似乎都弱化了汉字的表意性。有人认为形声字在汉字总体中占据的比例越来越高，表明汉字已经是向表音文字发展，至少应称汉字为"意音文字"比较合适。那么形声字是否还具有表意性呢？

首先，形声字的形符和声符均来自既有汉字，与汉字承载的字义联系紧密。新造字可以通过形符进入既有汉字字义系统的不同范畴；声符并不单纯表音，常常能够指示新造字的字义渊源，甚至有些形声字的声符完全表意，比如形声字"溢、燃、暮、拯"的意义就完全体现在声符"益、然、莫、丞"上。其次，形声字的表音很大程度上并不准确，即使在造字之初，声符的读音与所造新字的读音就常常并不完全一致，声符的选择也并不唯一；因时间流逝、语音变化，声符表音的准确性会有所损失，却未必更换新的声符，这些都与随音赋形的表音文字有本质的区别。形符所标示的字义范畴则基本固定，也即是说形声字的形符的示义比声符的表音作用更为稳定。汉字的同音字很多，2011版《新华字典》的zhì这个音节下的字有50个之多，其中从"至"得声的字有10个，也从一个侧面证明了汉字的意义区别一定程度上需要依赖于视觉判断，形符正是区别同音字的一大法宝。

所以说，形声字能够提示读音，但其本质特点无疑仍是表意性。楷书以来，以形声字为主要方式的汉字构形规则没有再发生大的变化，形声字所代表的这种系统表意特点也没有太大变化。

那么回到我们一开始提出的问题上：汉字简化损害了汉字的表意性吗？

近些年有研究者对《简化字总表》的简繁字进行了统计对比，用表意和表音来衡量简化前后的理据性，认为简化并未造成大的冲击。对《总表》一表中的形声字所做的考察也显示，形符表意性较强的字和声符表音较强的字都占绝对优势。应该强调的是，《简化字总表》中的简化字绝大多数有历史基础，也遵循了汉字的构字规律，例如《总表》一二表的字绝大多数是历史上已经存在的，类推简化的偏旁有草书等字体为依据等。这都说明简化汉字并未背离汉字体系，事实上，过于背离汉字体系的简化也是很难被社会接受的。所以简化字推行40多年来，在社会应用层面并未造成什么大问题。可以说，简化字是以继承为主，其性质是汉字发展演变中的部分调整，而不是革命性的改变，那么简化字也就不可能对汉字的表意性造成什么根本损害，现代汉字的表意性仍然突出，保持了系统性表意的稳定。

《通用规范汉字表》坚持简化字的规范地位，不因个别繁体字而否定简化字的规范地位；又根据社会用字的实际情况，面对已经大量存在的类推简化字，只谨慎确认了226个类推简化字，一方面尽量控制简繁之间的差异，另一方面也保持了规范汉字字形的系统性。可以说，《通用规范汉字表》在简繁问题上以保持汉字形体稳定为原则，采取了实事求是的态度，兼顾了对历史和现实应用的责任。

（王敏，教育部语言文字应用研究所副研究员，
中国文字学会副秘书长）

谈信息时代的汉字规范

王晓明

上世纪 50 年代末期以来，随着计算机的出现与普及，信息对整个社会的影响逐步上升到一种绝对重要的地位。信息量、信息传播的速度、信息处理的速度以及应用信息的程度等都以几何级数增长，人类步入了信息时代。信息时代在欧美及发达国家的真正兴起，是在上世纪 60 年代末期，而我国及部分发展中国家则始于上世纪 80 年代中前期。

中文信息处理的载体是汉字。为了迎接信息时代的到来，我国于 1980 年推出了信息交换用汉字编码字符集 GB2312—80，与其并行的汉字本体规范有《简化字总表》和《现代汉语通用字表》。至此，汉字规范走向本体与编码的双轨制时代。由于两类规范所承载的功能不同，相互间存在一定程度的差异。

信息技术的迅猛发展，为信息交换构筑了良好的平台，网络技术的发展，使得信息交换日渐便捷与高效，彻底改变了以往的时间、空间概念，信息交换由本土扩展到全球。为了便于国际间的信息交换，国际统一编码字符集提上日程，国际编码标准 ISO/IEC10646 应运而生，并于 1993 年正式颁布了第一部分：体系结构与基本多文种平面，即 ISO/IEC10646.1—1993，其中包括中日韩表意文字 20902 个，字量上远远超过了 GB2312—80 的 6763 个汉字。

随着国际编码标准 ISO/IEC10646 的诞生，资源数字化风起云涌，社会用字需求不断增加，许多沉睡的汉字重新被唤醒。为了满足信息处理的需要，国际编码标准 ISO/IEC10646 一直在不断地将大量汉字纳入其中，促使编码字符集的字量飙升，至今已正式编码的汉字约七万五千个。

写到这里，读者不禁要问：计算机里已经有了七万多汉字，国家语委为什么还要研制《通用规范汉字表》呢？还是那句话：各自承载的功能不同。

首先，我们来看看国际编码标准 ISO/IEC10646 中七万多中日韩表意文字编码字符集的构成。

国际编码标准 ISO/IEC10646 中的中日韩表意文字编码字符集囊括了中国（大陆、台湾、香港、澳门）、日本、韩国、朝鲜、新加坡、越南等国家以及美国、日本公司在其信息系统中所使用的表意文字，它的涵盖面几乎是整个汉字文化圈。它既包括了韩文吏读字、日本和字及越南的喃字，也包括日文简化汉字、中文简化汉字、繁体字、异体字、传承字、避讳字等等。从以上构成情况不难看出，中日韩表意文字编码字符集是简繁、正异、新旧并存，多语言用字并存的一个杂收字集。

其次，我们来看看国际编码标准 ISO/IEC10646 中七万多中日韩表意文字编码字符集的功用。

随着编码字量的不断增加，中日韩表意文字编码字符集的性质也由量变发生了质变，由原本简单的信息交换，发展为集交换与储存为一身的字符集。它更像我们现实社会中的字词典，只是存储介质的改变而已，其中的大量汉字是贮存和备用的角色，为的是将中文信息在虚拟空间得以全面展现。编码字符集的功用在于信息交换与信息呈现,更通俗地说,它的任务只是给世界上通行的汉字一个全世界统一的国际编码,以便不同的国度和时代的汉字都能进入信息交换。空间上,它服务于整个汉字文化圈;时间上,它的服务跨度从古代绵延至今。

从以上分析不难看出,编码字符集囊括的汉字量大,涉及的语种多、涉略的地域广,它在很大程度上满足了国际社会方方面面的用字需求。然而,由于编码汉字繁多,字符来源庞杂,表达同一概念的汉字,在字符集中出现多种形体、结构各异的字形,同一国家、同一时代的一般用户很难辨析,直接运用这个字符集去传播信息,给大多数普通用户的日常使用带来了沉重的负担,让人无所适从。

从跨地域、跨时代的角度说,ISO/IEC10646中每个汉字都有它的价值,然而,对于现代中国所要传播的信息来说,应使用哪些汉字,这些汉字应当怎样写,这才是我们必须解决的问题。《现代汉语通用字表》的发布距今已20多年,这20年,正是信息技术迅猛发展的时期,社会语文生活发生了翻天覆地的变化,为了顺应信息时代社会用字的新趋势,为了便于信息的交流与传递,国家语言文字工作委员会及时推出了《通用规范汉字表》。

《通用规范汉字表》是为了满足中国大陆一般应用领域的汉字使用而研制的。它从统计学角度为汉字科学定量,又从文字学的角度,对社会用字进行梳理、归类,从而给社会提供了一个字种和数量相对比较适度的字表,以方便社会的日常使用。《通用规范汉字表》的发布,将对汉字在现实社会和虚拟空间的运用起到至关重要的作用。

在信息时代,应理性看待汉字本体规范,它只能承载有限的需求,它与编码规范相互配合,才能构成一个完整的汉字规范体系。发布《通用规范汉字表》目的是引导社会规范用字,方便通用汉字的使用，减轻人们日常用字的负担。至于信息系统的缺字问题，对偶尔使用、字频极低、覆盖率几乎等于零的那些字来说，就是拥有再多的汉字，也无法涵盖。所以，《通用规范汉字表》在"通用"与"规范"两个方面下功夫，正是从信息时代全社会的需要出发的。

＊在本文写作过程中，王宁教授提出了宝贵的修改意见，在此表示诚挚的感谢！

（王晓明，教育部语言文字应用研究所高级工程师）

乐见《通用规范汉字表》与汉字国际化的相互促进

张轴材

《通用规范汉字表》终于由国务院发布了。这不仅是国家语言生活的大事，也是对信息技术进一步发展的有力推动。

在当今世界，汉字已经成为国际文字，这已是不争的事实。下至iPhone、iPad，上至云端的搜索系统，汉字已经无所不在。汉字国际化、标准化的重要标志是 ISO/IEC10646 的重要组成部分——中日韩汉字统一编码（CJK Unified Ideographs）。由于中国海峡两岸及香港、澳门专家与美国、日本、韩国、越南、新加坡等国专家长期以来的通力合作，CJK 已成为国际上最先进、最富权威性的编码字符集标准。CJK 在计算机与通信领域的实现与应用已成为多文种文明发展的基础和象征。

在真实世界存在的每一个汉字都应在计算机世界有其对应的"代表"或代码。在 ISO 属下的汉字组（IRG）领导下，国际标准已编码汉字业已逼近 8 万，相当充分地反映了中文汉字的需求，并且正在向甲骨文、金文等古文字方面拓展。毫无疑问，这项巨大的文字整理工程有着深远的经济、文化和技术意义。中国各主管部门也一直在支持这项工作。

但在另一方面，对现代语言生活而言，由于语言的复杂性和 ISO

工作的优先级问题，CJK 有两方面较重要的工作始终悬而未决：

第一，面对巨大的超级字符集，亟须基于海量分类加权语料库的现代字频统计、权威性地指明一个通用的子集，以利于基础教育和各项一般社会应用在各个层级的信息化实现。防止"大而全"的倾向，合理地利用资源。

第二，CJK 完成了各个国家与地区的汉字形态上的认同，但是没有指明未认同的汉字之间的字义上的关联（简繁、正异、新旧字形等等）。

现在，由于《通用规范汉字表》的颁布，可以说上述"通用子集"和"关联字"两大问题都在很大程度得到了有法可依的较圆满的解决。

当今，国际互联网正在迈入一个新的阶段，IPv4 地址枯竭而 IPv6 正在启用，以开辟更大的地址空间，国家与地区的顶级域名（ccTLD）、通用顶级域名（gTLD）等一系列新域名都在迅速国际化（IDN）。可以说，这是互联网上的"第二代"身份证问题。国际域名分配机构 ICANN 正在紧锣密鼓地研究顶级域名国际化的变体字（Variants）入根（Root）的规则问题，以中国 CNNIC 为组长的专家工作组（CGP-Chinese Generation Panel）正在与各国家地区的专家一起重点探讨中文异体字的问题。从文字角度，这实质上是包括简繁、正异、新旧字形在内的广义的异体字问题。作为专家工作组的中国成员，对于《通用规范汉字表》可以说是"翘首以盼"。首先，8000 字规模的通用子集，在字汇、字级等方面具有法律上的权威性，大大地缩小待处理的异体字的范围，使之更适应现代生活；其次，字表附表《规范字与繁体字、异体字对照表》收录了 3120 个规范字，并分别列出了相应的繁体字、异体字。这对于互联网国际化域名异体字的处理，也不啻是场"及时雨"，对于中文域名问题的解决，构筑实用的中文域名变体字表，有重要指导意义。当然，互联网顶级域名是国际的资源，汉字文化圈内外相关的技术外交和规则研发，还有相当艰巨的任务。

作为长期从事汉字国际标准与中文典籍数字化的老科技工作者，我由衷乐见汉字规范化、信息化的这些新进展及其相互促进。

（张轴材，北京书同文数字化公司总裁）

第五部分　大事记

《通用规范汉字表》大事记

2001年3月 为贯彻落实《国家通用语言文字法》，满足社会各领域汉字应用的需求，促进国家通用文字的规范化、标准化、信息化，教育部语言文字信息管理司（以下简称语信司）就研制《规范汉字表》事宜向教育部、国家语委提交立项报告。

2001年4月 教育部、国家语委批准《规范汉字表》研制立项，科研项目启动。课题组设在教育部语言文字应用研究所（以下简称语用所），组长由语用所汉字室研究员张书岩担任。

2001年4月—11月 课题组展开调研和学术准备工作，包括搜集资料和有关研究成果、梳理需要解决的重点问题、广泛听取语言文字专家意见、拟制字表编制方案等。

2001年11月20日 《规范汉字表》专家咨询会在教育部召开，围绕异体字、简繁汉字、类推简化以及印刷字形等问题进行了讨论。来自社科院语言研究所、民政部地名研究所、北京大学出版社、全国科技名词委、中华书局、印刷科学研究所、新华印刷厂、电子标准化所等单位的代表参加会议，教育部语信司王铁琨副司长出席会议。

2001年12月21日—22日 教育部语信司、教育部语用所和上海市语委在沪举办"汉字规范问题学术研讨会"。来自上海、济南、常州的语言文字、新闻出版和汉字信息处理界的20多位专家与会，语信司王铁琨副司长出席会议并讲话。会议主要对课题组提出的字表编制方案进行了研讨。

2002年3月　《规范汉字表》课题组在2002年《语言文字应用》第二期发表《研制〈规范汉字表〉的设想》，对字表准备阶段工作进行总结，阐述对字表收字、分级、繁简、正异、字形等问题的总体设想。

2002年5月16日—17日　教育部语信司、教育部语用所在江西井冈山市举办"异体字问题学术研讨会"。来自全国高校及科研机构的30多位文字学家与会，语信司王铁琨副司长出席会议并做会议总结，原国家语委副主任、研究员曹先擢先生做学术总结。会议着重研讨了《规范汉字表》整理异体字的原则和方法。

2002年6月22日—23日　教育部语信司、教育部语用所和安徽大学在合肥市举办"简化字问题学术研讨会"。来自全国的50多位专家学者与会，语信司李宇明司长、王铁琨副司长出席会议，李宇明司长讲话，北京师范大学王宁教授做学术总结。会议主要对类推简化问题和简繁"一对多"关系问题进行研讨，并在简化字的类推问题上基本达成共识，即不赞成无限类推，应将类推限制在一定的范围内，具体范围有待斟酌。

2002年8月23日—24日　教育部语信司、教育部语用所和烟台师范学院在烟台市举办"汉字印刷字形问题学术研讨会"。来自全国高校、科研机构的30多位专家与会，语信司王铁琨副司长出席会议并讲话，北京师范大学王宁教授做学术总结。会议围绕汉字新旧字形、印刷宋体字形、海峡两岸字形差异以及字表字形处理等问题进行研讨。

2002年10月　　《规范汉字表》研制列为教育部、国家语委"语言文字应用研究十五科研规划"重大项目。

2003年1月　　《规范汉字表》研制工作列入教育部2003年工作要点。

2003年1月　　为确保《规范汉字表》收字科学合理，满足各领域基本用字需要，教育部语信司向有关部门发函征集行业用字。民政部、国家测绘局、国家中医药管理局、总参测绘局、全国科技名词委、故宫博物院、国家图书馆、人民教育出版社、中国大百科全书出版社等部门，及时提供了行业用字资料。

2003年2月　　《规范汉字表》课题组在教育部语用所召开会议，就字表研制方法和手段进行研究。会议决定采用数字化手段和语料库统计方法以加快字表研制工作。教育部语信司标准处王翠叶处长出席会议。

2003年2月—6月　　课题组以国家语委现代汉语平衡语料库（1919—2002年）和北京语言大学动态流通语料库（2001—2002年全国15种报纸）为基础进行的字频统计工作完成，初步选定字表的一、二级字，同时针对异体字、三级字收字、汉字读音等进行研究整理。

2003年3月7日　　教育部语用所"汉语人名规范"课题组在北京召开"汉语人名规范研讨会"，参会人员主要来自语言教学与研究、科技术语审定、信息处理等领域以及公安、外交等相关部门，教育部语信司王铁琨副司长出席会议。会议着重就制定《人名用字表》的必要性与可行性、人名排序等问题进行了研讨。

2003年7月　　"汉语人名规范"课题组在中国政法大学召开人

名用字问题座谈会，与中国政法大学的法学专家讨论规范人名用字的必要性和可行性，以及规范人名用字的法律依据。

2003年12月15日　教育部办公厅发文成立《规范汉字表》研制领导小组。领导小组成员由来自教育部、国家语委和国家民族事务委员会、公安部、民政部、信息产业部、文化部、广播电影电视总局、新闻出版总署、国家宗教事务管理局、中国社会科学院、国家测绘局、国家中医药管理局、国家标准化管理委员会、总参谋部测绘局、全国科技名词审定委员会等部委（单位）的18位司局级以上同志组成，教育部副部长、国家语委主任袁贵仁任领导小组组长（2006年5月由赵沁平副部长接任），教育部语信司李宇明司长为副组长。领导小组办公室设在教育部语信司，办公室主任李宇明，副主任王铁琨。领导小组的职责是：负责对字表研制的方向性和政策性问题进行把关，并充分调动和协调相关部门的力量支持字表研制工作。

2004年1月13日　《规范汉字表》研制领导小组成立会召开。会议由教育部语信司李宇明司长主持，教育部副部长、国家语委主任、《规范汉字表》研制领导小组组长袁贵仁出席会议并讲话。语信司王铁琨副司长做《规范汉字表》研制工作汇报，领导小组成员进行了充分讨论。

2004年4月14日—15日　《规范汉字表》研制领导小组办公室在北京香山召开了《规范汉字表》研制专家研讨会。来自中国社科院语言研究所、北京大学、北京师范大学、北京语言大学的专家和《规范汉字表》课题组成员参加了会议。会议对课题组提交的字表初稿和研制报告涉及的问题进行了认真研讨。

2004年5月11日—12日　为解决第二代居民身份证姓名、住址中生僻字的信息处理问题,教育部语信司与公安部治安管理局联合召开了专家研讨会,对全国户籍部门收集的生僻字进行审核。来自高校和科研院所的12位文字学与信息处理方面的专家出席了会议。教育部语信司王铁琨副司长、公安部治安管理局鲍遂献副局长出席会议并讲话。与会专家对4000多个姓名、住址中的生僻字进行了认真的审核,确定了处理原则并提出建议。这次会议成果为研究解决《规范汉字表》人名用字问题提供了有效参考。

2004年5月14日　课题组组织召开教育领域专题座谈会,相关中小学语文教师、教研员、编辑、教材编写人员参加。会议重点围绕可否恢复几个用"同音代替"方式简化了的繁体字、是否把几个原来作为异体字处理的字恢复为正字,以及小学至初中阶段的识字量等问题进行研讨,并组织与会者填写了调查问卷。

2004年5月20日　在国家语委《语言文字工作简报》上另辟"《规范汉字表》研制专辑",用于集中报道字表研制和行政运作的相关信息。

2004年9月　汉字规范问题研究丛书由商务印书馆出版。该丛书是教育部语信司组织召开的系列汉字问题学术研讨会论文的结集,丛书包括《异体字研究》《简化字研究》《印刷字形研究》《汉字规范百家谈》四本论文集,全国人大常委会副委员长许嘉璐和教育部副部长、国家语委主任袁贵仁应邀为该丛书做序。丛书的出版对《规范汉字表》的研制及汉字规范化工作具有重要的参考价值。

2004年9月14日　《规范汉字表》研制领导小组办公室在北

京召开向语委老领导汇报会。原国家语委主任柳斌，原国家语委党组书记、副主任朱新均等出席会议。领导小组办公室主任李宇明、副主任王铁琨汇报了字表相关工作。与会的老领导就字表的研制和行政运作等工作进行了讨论，提出了许多指导性意见和建议。

2004年10月22日　《规范汉字表》研制专家工作组成立会在北京召开。会议由教育部语信司王铁琨副司长主持，李宇明司长宣布名单并讲话。字表课题组组长张书岩介绍课题进展情况。字表研制专家工作组由14位专家组成，北京师范大学王宁教授任组长，主要任务是帮助课题组工作，争取早日完成字表征求意见稿。

2004年11月—2005年10月　《规范汉字表》研制专家工作组多次召开研讨会，讨论字表研制中的问题。

2005年11月23日　《规范汉字表》研制高层专家咨询会在教育部召开，柳斌等语委老领导、江蓝生等有关专家以及字表研制专家工作组成员、课题组成员出席会议。会议就字表定级定量、内容和形式，以及如何征求意见等问题进行了讨论。

2006年1月　《规范汉字表》研制工作列入教育部2006年工作要点。

2006年4月18日　《规范汉字表》科研结项鉴定会召开，鉴定委员会由来自高校、研究所、出版社等领域的12名专家组成，曹先擢先生为主任委员。鉴定委员会对课题组所做的工作给予充分肯定，字表课题通过了科研鉴定结项。同时，鉴定委员会对字表初步方案提出一些修改意见，并建议主管部门广泛征求意见，进一步组织专家对字表初步方案进行修改和完善。

2006年6月12日 教育部语信司组织召开《规范汉字表》(送审稿)专家委员会成立会,教育部副部长、国家语委主任赵沁平向委员颁发聘书并讲话。《规范汉字表》(送审稿)专家委员会由9名语言文字专家组成,曹先擢先生任主任委员,王宁先生任副主任委员。专家委员会下设研制工作组(以下简称研制组),王宁先生任组长。

2006年8月—12月 字表研制组在教育部语信司标准处的协助下,先后多次联系走访公安部、民政部、国家测绘局、国家统计局、全国科技名词委等部门,就三级字的收字听取意见,收集人名、地名、科技术语等用字资料。

2007年1月17日—18日 《规范汉字表》研讨会在北师大召开。会议由教育部语信司标准处王翠叶处长主持,李宇明司长、王铁琨副司长出席会议。参会人员为来自高校、研究所、出版社的语言文字专家和字表研制组。会议明确了恢复部分异体字、三级字表要删减、类推范围限制在三级字表内等原则。

2007年1月—3月 教育部语信司就《规范汉字表》(送审稿)向国家语委委员、国家语委咨询委员会委员、国家语委科研规划领导小组成员、国家语委语言文字规范标准审委会委员征求意见,并通过国家语委2007年度工作会议向参会代表征求意见。

2007年3月23日 《规范汉字表》分级排序专题研讨会在教育部语用所召开。参会人员主要是来自信息处理学界和文字学界的专家和字表研制组成员,教育部语信司王铁琨副司长出席会议。会后,研制组根据专家意见,形成了新的字表收字方法,提出了字表分级、排序的初步处理方案。

2007年4月24日　《规范汉字表》（送审稿）专家委员会在北京召开会议，审定《规范汉字表》（送审稿）。会议由专家委员会主任曹先擢主持，教育部语信司李宇明司长、王铁琨副司长出席会议。研制组组长王宁先生汇报了字表送审稿的研制情况，与会委员就字表制定的意义、原则、字量与分级以及几个重大问题的处理方案进行了审定。会议肯定了字表送审稿对繁体字、异体字、类推简化、一二级字的分级与字量、排序等问题的处理，原则通过了字表送审稿。同时，委员们对三级字的收字提出了一些修改意见，一致同意将三级字作为行业通用字放进字表。

2007年7月17日—19日　《规范汉字表》研制工作会议在北京大觉寺召开。参会人员主要有字表研制组成员和有关专家。教育部语信司李宇明司长、王铁琨副司长出席会议。会议由王铁琨副司长主持，研制组组长王宁先生介绍字表研制情况。与会专家讨论了拟上报部党组、国务院的相关文件，重点审核了三级字的收字，并讨论确定了类推简化的原则和方法，即：三级字表的字在类推范围内的一律类推，但要保持结构不变，避免出现怪异字和同形字，表外字今后不再类推。会后，研制组根据专家意见修改了字表、字表说明及研制报告，对三级字做了进一步的调整。

2007年8月4日　字表研制组组长王宁带领字表研制组成员去商务印书馆座谈，讨论字表收字与《现代汉语词典》和《新华字典》的衔接问题。

2007年8月4日　《规范汉字表》字典和字表指南编写工作启动会在商务印书馆召开，教育部语信司李宇明司长、王铁琨副司长、字表研制组、商务印书馆有关负责人出席会议。教育部语信司委托研制组会同商务印书馆、语文出版社组织编写。

2007年8月10日 教育部语信司将修改后的字表、研制报告等寄发专家委员会委员和有关文字专家，进一步征求意见。委员和专家们充分肯定了字表送审稿，认为字表已比较成熟。

2007年8月20日 《规范汉字表》字形专家研讨会在北京师范大学召开，来自汉字字形、字体字模、美术方面的9位专家和字表研制组成员参加了会议。教育部语信司王铁琨副司长出席会议。北京师范大学李国英教授介绍了GB13000.1字符集汉字宋体字形规范的研制情况，与会专家就《规范汉字表》的汉字定形问题进行了研讨。专家建议，下一步应在已有研究的基础上，根据《现代汉语通用字表》的字形规范，制定汉字字形规范原则，确定GB13000.1字符集和《规范汉字表》汉字的字形。

2007年8月27日 《规范汉字表》研制领导小组在教育部召开了《规范汉字表》（送审稿）审议会。会议由教育部语信司王铁琨副司长主持，领导小组14位成员出席会议。经审议，会议原则通过了《规范汉字表》（送审稿），建议进一步征求意见，修改完善后尽快上报发布。教育部语信司司长、领导小组副组长李宇明做总结讲话。

2007年9月7日 《规范汉字表》研制讨论会在北京师范大学召开，参会人员为字表研制组和教育部语信司有关人员，李宇明司长出席会议。会议主要讨论了三级字表定位、字表的效力、表外字是否简化、异体字处理原则以及字表征求意见等问题。

2007年9月30日 教育部党组召开会议研究《规范汉字表》有关工作。语信司李宇明司长向党组全面汇报了字表工作，王铁琨副司长、字表专家委员会主任曹先擢和副主任王宁列席了会议。教育部党组经讨论肯定了字表的研制工作，认为研制发布字表意义重大，影响深远，但需要审慎对待，要求进一步征求意见，修改完善后上报国务院。

2007年10月—11月 根据教育部党组的指示，先后召开了三次征求意见会，向社会有关方面征求意见。① 10月29日，《规范汉字表》专家委员会在教育部组织召开了"向学术团体代表征求意见座谈会"，出席会议的人员主要是来自中国文字学会、中国语言学会、中国辞书学会、中国语文现代化学会、中国古文字研究会、中国中文信息学会、中国应用语言学会（筹）、中国民族语言学会、中国语文报刊协会等九个学术团体的代表。会议代表对字表的意义和研制的科学性给予充分肯定，期望早日发布，另外也提出一些建议。② 11月1日，《规范汉字表》专家委员会在北京师范大学组织召开了"向基础教育领域代表征求意见座谈会"，语信司和基础教育司协办。中小学语文课标研制组专家、语文教材研究和编写专家、中小学语文特级教师和中小学教材出版部门等代表出席了会议。与会代表在充分肯定字表的基础上，重点讨论了一级字表3500字与教育用字的关系。③ 11月2日，教育部语信司在教育部组织召开了"向语委委员单位代表征求意见座谈会"，与会代表重点就《规范汉字表》对社会各领域的作用、字表的宣传和实施进行了讨论，对字表研制组和语委的工作给予高度评价，并同意尽快将字表提交国务院发布。

2007年11月—12月 字表研制组根据三次征求意见会代表意见进一步审核调整字表。

2007年11月4日　《规范汉字表》字形问题专家审议会在北京师范大学召开。来自文字学界、计算机字模界、书法美术界、基础教育界的专家参加了会议。教育部语信司李宇明司长、王铁琨副司长出席会议。与会代表就字表的字形问题进行研讨，重点探讨了印刷宋体字形的变异规则，并在遵循已有字形规范的基础上，对个别有问题的字形提出了调整草案。

2007年12月17日　教育部领导批准了语信司《关于落实部党组会指示的汇报和向国务院报送〈规范汉字表〉的请示》，同意将《规范汉字表》报送国务院。

2007年12月26日　教育部语信司标准处王翠叶处长和字表研制组成员与民政部区划地名司、地名研究所的有关领导和专家就字表涉及的地名用字问题进行座谈。经过交流，形成如下共识：进一步审核字表，尽量收入乡镇以上地名用字，重点收录地名通名用字；删除字表中音、形、义不确切的乡镇以下生僻地名用字；适当关注港澳台的地名用字。

2007年12月26日　字表研制组邀请信息产业部电子技术标准化研究所的有关专家到北京师范大学，就字表在信息产业领域的实施问题进行交流，并形成共识：进一步审核字表的三级字，特别是类推简化字，尽量减少计算机国际编码标准 ISO/IEC10646 中非基本平面的汉字和未编码字，以免增加信息产品升级更新的成本。

2008年1月11日　《规范汉字表》（送审稿）专家委员会在北京召开字表研讨会，就字表的完善和定稿进行研究。教育部语信司李宇明司长、王铁琨副司长出席会议。针对民政部和信息产业部提出的意见，重点讨论了字表中 263 个未收入国际标准编码体系的字和一些有争议的微观字形问题。专家委员会经反复论证，决定对三级字表中的类推简化字（主要是人名、地名等用字）再行删减，以尽量减少国际标准编码体系中没有编码的字，同时确定了微观字形的调整原则。

2008 年 1 月 14 日　　教育部语信司与信息产业部电子信息产品管理司联合召开《规范汉字表》的制定与实施问题座谈会，就字表的进一步完善及在信息产业领域的实施进行了交流。会上重点讨论了字表收字与 ISO10646 编码标准字符的对应、字表微观字形调整与计算机字库制作、字表实施与信息系统产品更新和升级等方面问题，并达成共识：字表发布后，信息产业部及时根据字表修订有关信息处理标准，双方联合发布信息产业领域的实施细则，并对实施给予一定的过渡期。

2008 年 1 月 22 日　　字表研制组对字表完善定稿，报送教育部语信司。

2008 年 2 月 18 日　　教育部、国家语委向国务院报送字表，报请国务院发布字表。

2008 年 3 月 4 日　　教育部语信司王铁琨副司长、王翠叶处长向国务院办公厅秘书三局汇报字表工作，并讨论交流了字表发布形式。国务院办公厅要求就《规范汉字表》向国家语委委员单位书面征求意见。

2008 年 3 月 10 日　　根据国务院办公厅意见，教育部办公厅发文就发布《规范汉字表》向国家语委委员单位书面征求意见。3 月至 5 月，国家民委、民政部、人事部、信息产业部、文化部、国家广播电影电视总局、国家工商总局、国家质检总局、新闻出版总署、解放军总政治部、中国科学院、中国社科院、共青团中央、中华全国总工会、全国妇联15个委员单位书面回函，均表示同意发布《规范汉字表》，信息产业部、国家质检总局、中国社科院还提出了一些具体意见和建议。

2008年4月—5月　　教育部语信司标准处王翠叶处长和字表研制组成员先后走访公安部治安管理局和国家测绘局地名研究所，座谈字表姓名用字问题和地名用字问题，并参观第二代居民身份证用字处理系统和地名数据库。

2008年4月1日　　字表研制组与中国电子技术标准化研究所、解放军第二炮兵装备研究院第四研究所的信息处理专家研讨信息产业部对字表的反馈意见。

2008年4月20日　　《规范汉字表》字典论证会在北京师范大学召开，参会人员有字表研制组成员、辞书编纂领域的专家和出版社编辑。教育部语信司李宇明司长出席会议。

2008年4月24日　　国家标准化管理委员会组织召开《规范汉字表》与强制性国家标准衔接问题专家研讨会，教育部语信司、信息产业部产品司、国家标准委工业标准二部有关人员和字表研制组成员出席会议。通过交流对字表有关问题形成共识，并协商给汉字字形等强制性国家标准的修订留有时间。

2008年5月29日　　汉字字形规范问题专家研讨会在教育部召开。会议由教育部语信司王铁琨副司长主持，李宇明司长出席会议。参会人员主要有国家语委老领导、咨询委员和来自汉字国际编码、古籍出版与数字化、辞书编纂、文字整理与研究的专家学者。会议主要围绕非通用字范围内传承字、繁体字、异体字的字形规范制定及应用问题进行了讨论。

2008 年 6 月 4 日　　国家语委组织召开了汉字字形规范问题部门协调会。来自中宣部、中央外宣办、工业和信息化部、文化部、新闻出版总署、国台办、国家标准委的司局级领导及专家20多人出席了会议。教育部语信司李宇明司长、王铁琨副司长出席会议。与会人员就汉字字形的政策与标准问题进行了讨论，各部门代表表示积极配合做好有关工作。

2008 年 8 月 4 日　　教育部语信司向《规范汉字表》（送审稿）专家委员会委员和有关专家发函，征求对字表配套规范《简繁字对照表》和《新订〈异体字整理表〉》的意见。

2008 年 10 月 13 日　　教育部语信司召集字表研制组开会，讨论根据语委委员单位反馈意见修改完善字表事宜。

2008 年 11 月 30 日　　按照国务院办公厅指示向语委委员单位书面征求意见并根据反馈意见修改完善字表后，教育部、国家语委向国务院报送字表，并随文附《〈规范汉字表〉征求意见及处理情况》。

2008 年 12 月 9 日　　字表研制组走访国家测绘局，就地名用字收字问题与测绘局信息中心沟通。会后测绘局反馈了对地名用字的意见。

2009 年 1 月 23 日　　根据国务院办公厅指示，教育部办公厅发函向与人名地名用字关系密切的公安部和国家测绘局书面征求意见。收到反馈意见后，教育部语信司与公安部和国家测绘局的有关部门进行了沟通，并在字表中采纳了部分意见。

2009年4月1日　《规范汉字表》表外字使用问题专家研讨会召开,公安部治安管理局、民政部区划地名司、社科院语言所、教育部语用所、民政部地名研究所、语文出版社、中华书局、商务印书馆、北大方正、中标中易公司等单位的有关人员出席会议。会议主要讨论表外字的使用和繁体字、异体字的字形问题,并对表外字的使用达成一致意见,即国家层面上应给出原则规定,各应用领域可根据实际需要确定具体处理办法,总原则是对表外字的简化和新字形的类推应加以控制。

2009年4月15日　教育部、国家语委向国务院报送字表,并附《〈规范汉字表〉征求意见及处理情况》。字表报送国务院后,国务院办公厅建议向社会公开征求意见。

2009年5月初　中国社科院4月8日召开以"简化字与繁体字"为题的国学研究论坛,引起社会关注,形成舆论热点。教育部语用所语言舆情研究中心针对两会以来社会上出现的简繁问题之争,通过舆情监测和分析,形成了咨询报告。

2009年5月12日　教育部语信司起草了字表征求意见工作方案,上报部领导。

2009年5月14日　教育部语信司向部领导报文,汇报汉字简繁之争的由来及对策。周济部长批示要求坚决贯彻《国家通用语言文字法》,积极引导社会舆论导向,做好字表征求意见预案准备工作。

2009年5月27日　教育部副部长、国家语委主任郝平主持召开专题会,研究讨论字表征求意见工作。语信司、语用司、政法司有关同志出席会议。郝平同志要求就字表征求意见和字表名称问题召开座谈会听取意见。

2009年6月3日　　教育部副部长、国家语委主任郝平召集字表专家委员会副主任王宁、委员黄德宽和语信司有关人员,听取了字表研制情况汇报,并就字表公开征求意见工作提出意见。

2009年6月4日　　教育部语信司组织召开了《规范汉字表》公开征求意见工作研商会,研究讨论字表公开征求意见工作方案和字表名称。国家语委老领导和来自国家语委咨询委员会、语言文字规范标准审定委员会、字表专家委员会等机构的专家共18位参加了会议。教育部副部长、国家语委主任郝平出席会议并讲话。

2009年6月9日　　教育部、国家语委向国务院报送《关于〈规范汉字表〉向社会公开征求意见的请示》,国务院批复同意。

2009年6月22日　　教育部语信司向部党组会汇报征求意见方案,部党组指示先组织召开座谈会,再公开征求意见。

2009年6月30日　　教育部语信司向部领导呈报《关于〈规范汉字表〉公开征求意见工作的请示》,汇报了字表公开征求意见工作研商会情况和专家意见,调整完善了字表征求意见工作方案,并提出字表名称由"规范汉字表"更名为"通用汉字表"的建议,以避免引起"表外字是不规范字"的误解。部领导批准同意。

2009年7月3日　　《规范汉字表》征求意见策划会在教育部召开,教育部语信司相关领导和字表研制组参加会议。

2009年7月14日—17日　　根据部领导指示精神,在北京连续召开四个《通用汉字表》征求意见座谈会。① 14日在教育部召开汉字应用领域代表座谈会,会议由教育部语用所所长姚喜双主持。语信司李宇明司长、字表送审稿专家委员会主任曹先擢、副主任王宁出席会议，19位会议代表来自基础教育、新闻出版、辞书编纂、中文信息处理领域以及民政、邮政等单位。②15日在山水宾馆召开学术团体和高等院校代表座谈会，会议由教育部语用副司长张世平主持，语信司李宇明司长出席会议。会议代表为来自学会和高校的19名专家学者。③16日在山水宾馆召开新闻媒体和文化界代表座谈会，会议由语用所所长姚喜双主持，语信司李宇明司长、字表送审稿专家委员会副主任王宁出席会议。13位代表来自新闻、出版、播音、法律、作协、记协。④17日在山水宾馆召开全国人大代表和全国政协委员座谈会，会议由语用司副司长张世平主持，语信司李宇明司长、语用所所长姚喜双、字表送审稿专家委员会副主任王宁出席会议，11位全国人大代表或全国政协委员出席会议。会议代表积极踊跃，充分发表意见和建议，一致肯定了字表研制发布的意义，高度评价了字表研制的成果，也对字表的完善和发布实施提出了意见和建议。

2009年7月21日　　教育部语信司向部领导汇报四次座谈会征求意见情况，并呈报下一步公开征求意见方案，同时提出根据会议代表意见，将字表名称改为"通用规范汉字表"的建议，部领导批准同意。

2009年7月29日　　《通用规范汉字表》公开征求意见工作领导小组成立会在教育部召开。领导小组组长由教育部副部长、国家语委主任郝平担任，副组长由语信司李宇明司长、语用司王登峰司长担任，领导小组成员由教育部新闻办、政策法规司、财务司、基础教育一司、基础教育二司、民族教育司、社会科学司、思想政治工作司、语言文字应用管理司、语言文字信息管理司、国际合作与交流司、中国教育电视台、中国教育报刊社、语言文字应用研究所、语文出版社的司局级领导组成。领导小组办公室设在语信司，主任由李宇明兼任。领导小组办公室设综合组、材料组、意见收集组、宣传组、会议组、海外联络组6个工作组，主要由教育部语信司、语用司、新闻办、语用所、语文出版社有关人员组成。

2009年8月　《通用规范汉字表》公开征求意见工作列入教育部8月份重点工作。

2009年8月1日—10日　教育部语信司、字表研制组、字表公开征求意见领导小组办公室成员准备字表公开征求意见的相关材料和宣传稿件等。

2009年8月12日上午　《通用规范汉字表》公开征求意见新闻发布会在教育部召开。发布会由教育部新闻发言人续梅主持，教育部语信司李宇明司长、王铁琨副司长、字表送审稿专家委员会主任曹先擢、副主任王宁发布相关信息。《人民日报》、新华社、《光明日报》、中国新闻社等37家新闻媒体参加了发布会。《通用规范汉字表》开始公开征求意见，教育部门户网站、《中国教育报》发布了字表公开征求意见公告，征求意见的时间为8月12日至8月31日。为配合宣传，中国语言文字网开辟专栏，刊登字表、答记者问、字表背景知识等材料及语言文字政策信息，《中国教育报》全文刊登了字表。

2009年8月12日下午　在山水宾馆召开《通用规范汉字表》公开征求意见工作部署会。会议由教育部语信司王铁琨副司长主持，字表公开征求意见工作领导小组成员，各地教育厅分管领导、语委办主任，以及国家语委委员单位、公安部、国家测绘局有关负责人出席会议。教育部副部长、国家语委主任、字表公开征求意见工作领导小组组长郝平出席会议并讲话。教育部语信司司长、领导小组副组长李宇明介绍字表并对征求意见工作做了部署。部署会后，各级语言文字工作部门根据会议精神成立了工作机构，开展广泛征求意见工作。我驻外使领馆教育处（组）也开展了向海外的汉语教学和研究者及华人征求意见工作。

2009年8月12日—20日　　相关媒体对字表征求意见工作进行采访宣传。人民网、新华网、中国教育电视台、中央电视台新闻频道等分别采访了教育部语信司李宇明司长、标准处王翠叶处长、字表研制组组长王宁、研制组成员王立军、教育部语用所费锦昌研究员、河北大学陈双新教授等，从不同角度对字表进行宣传、讲解。

2009年8月21日下午　　《通用规范汉字表》公开征求意见工作领导小组办公室召开舆情分析座谈会。教育部语信司李宇明司长、语用所姚喜双所长、语用司张世平副司长、语用所魏晖副所长、字表送审稿专家委员会副主任王宁及有关人员出席会议。会议主要分析了舆情的基本情况、可能出现的舆情热点，研究了下一阶段的工作重点。会后，各工作组按照计划，分工协作开展工作。

2009年8月—9月　　设在教育部语用所的字表公开征求意见领导小组办公室意见收集组在公开征求意见期间每天对网络舆情进行监测并将收集到的意见整理上报。期间共编辑《舆情快报》19期，公开征求意见结束后又继续编写5期。完成14卷意见纸质文件汇编。

2009年9月1日上午　　《通用规范汉字表》公开征求意见工作领导小组办公室召开征求意见工作总结分析会。会议对字表公开征求意见工作进行总结，并就字表征求意见工作结束的对外发稿进行了讨论。

2009年9月1日下午　教育部语信司李宇明司长在部党组会议上汇报了《通用规范汉字表》公开征求意见工作开展情况。字表公开征求意见工作领导小组根据教育部党组指示，形成了征求意见工作结束公告的定稿。

2009年9月1日—2日　教育部语用所姚喜双所长、语信司李宇明司长先后接受中央电视台《新闻1+1》电话直播采访和中央电视台新闻频道《共同关注》采访。

2009年9月2日　字表公开征求意见工作领导小组在教育部网站发布了字表公开征求意见工作结束的公告，向社会通告了公开征求意见的总体情况。总计收到反馈意见3141件。

2009年9月3日—8日　字表公开征求意见工作领导小组办公室对字表公开征求意见工作进行总结，对社会意见和建议进行整理、归档、分析，并建立档案数据库，起草工作情况汇报。

2009年9月10日　教育部语信司标准处组织召开会议，就向国务院和有关领导的报告进行研究。王翠叶处长、王丹卉副调研员及有关工作组成员出席了会议。

2009年10月14日　教育部、国家语委向国务院报文，汇报《通用规范汉字表》公开征求意见工作的情况。

2009年11月12日　字表研制组召开会议，讨论字表修改计划，研究字表修改原则。

2010年1月28日　教育部语用所提交《通用规范汉字表》公

开征求意见系列分析报告,包括《〈通用规范汉字表〉公开征求意见收集意见组工作总结》《〈通用规范汉字表〉意见征集数据分析报告》《〈通用规范汉字表〉征集意见分类整理及分析报告》《〈通用规范汉字表〉公开征求意见舆情分析报告》。

2010年2月10日—11日　教育部语信司在北京召开字表修改方案研讨会。字表研制组和有关专家出席会议。

2010年4月　教育部语信司向公安部治安管理局发函,请公安部帮助提供户籍信息管理系统中所有的姓氏用字,作为核实和处理字表征求意见过程中群众提出要求增补姓氏用字的依据。公安部复函并提供了全国近7900个姓氏用字。

2010年4月　"《通用规范汉字表》公开征求意见整理分析及数据系统建设"基本完成。该系统所收数据以公开征求意见期间的反馈意见为主,也收集了各类媒体的报道及后续发来的意见。系统通过关联数据库,实现多属性综合检索。该项目的意见分析报告和数据系统为字表修订完善提供了参考。

2010年5月18日—20日　教育部语信司在北京师范大学召开研讨会,讨论字表修改完善事宜。字表研制组、有关专家参加会议,语信司李宇明司长、王铁琨副司长出席会议。

2010年10月10日　《通用规范汉字表》向中国语文现代化学会征求意见会在北京师范大学召开。字表研制组、语文现代化学会成员和教育部语信司相关人员参加了会议。会议就字表名称、收字、类推简化、字形等问题进行了交流和研讨。

2010年10月25日　教育部部长办公会讨论字表工作,袁贵仁部长、李卫红副部长出席，语信司李宇明司长、王铁琨副司长、王翠叶处长汇报字表工作。办公厅、法规司、基础一司、基础二司、语用司、语用所领导出席。部领导指示，语信司做好报文准备，提交部党组会讨论后上报国务院。

2010年11月10日　　字表送审稿专家委员会会议在北京山水宾馆召开，主任曹先擢、副主任王宁和专家委员会成员到会。会议由主任曹先擢主持，教育部语信司李宇明司长出席会议并讲话。会议研讨了字表研制相关问题。

2010年11月19日　　教育部语信司向袁贵仁部长、李卫红副部长报文，请部党组审议字表后报送国务院。

2010年11月22日　　教育部语信司在北京召开会议，向语委老领导汇报字表工作。柳斌、赵沁平、朱新均等8位老领导到会。会议由语信司王铁琨副司长主持，李宇明司长讲话。

2010年12月31日　　教育部、国家语委向国务院报送字表。报文汇报了字表征求意见后修改完善情况，修改原则是不恢复繁体字、异体字不做大调整、收字必须字字有来源、字表字形仍沿用原有规范，字表名称建议恢复为"规范汉字表"等。

2010年12月26日　　王宁先生给温家宝总理写信，建议尽快发布《规范汉字表》。温总理将此信转给教育部，并指示汉字规范工作与基础教育关系密切，应予高度重视。袁贵仁部长、李卫红副部长要求语信司、语用司按照总理指示精神，积极推进规范汉字表工作。

2011年1月27日　　教育部语信司李宇明司长、王翠叶处长向国务院办公厅秘书三局汇报字表工作。国务院办公厅对字表上报国务院的报文提出了修改意见，并建议发布形式由"经国务院批准，教育部、国家语委联合发布"改为"由国务院发布"。

2011年1月27日　　教育部、国家语委向温家宝总理报送《关于〈规范汉字表〉进展情况的报告》，回应总理在王宁先生信函上的批示。刘延东同志指示，发布字表是落实《国家通用语言文字法》、规范基础教育和信息时代汉字应用的重要举措，十分必要和紧迫。

2011年3月3日—4日　　国家语委在北京举办了语言文字规范化标准化研修班，来自教育部有关司局及事业单位、地方语委、语言文字学界、语言文字应用领域以及新闻媒体等方面共60多人参加了学习。研修班由教育部语信司李宇明司长主持，教育部副部长、国家语委主任李卫红出席了为期两天的研修活动并做总结讲话。到会同志通过学习，掌握《规范汉字表》内容，充分认识字表的科学性，从体现国家意志的高度理解字表研制发布的意义和作用，统一了思想，培养了工作骨干，为字表的审批、发布和实施做好了准备。

2011年3月11日　　教育部副部长、国家语委主任李卫红带领语信司李宇明司长、田立新副司长、王翠叶处长到国务院办公厅汇报字表工作。

2011年3月16日　　教育部语信司李宇明司长、王翠叶处长向研制组传达国务院办公厅对字表的意见，并与研制组讨论确定了字表调整方案及计划。

2011年4月6日　　教育部、国家语委向国务院报送字表。行文按照此前国务院办公厅要求，不仅说明征求意见后的修改过程，而且全面汇报了整个研制过程和制定字表的基本原则。

2011年5月13日　教育部语信司召开了"《规范汉字表》名称问题专家研讨会"。教育部副部长、国家语委主任李卫红出席会议。语信司李宇明司长主持会议。参会人员有语委老领导和有关专家。经讨论，"通用规范汉字表"名称基本得到大家认可。

2011年5月17日　教育部办公厅就字表名称问题发函向国务院办公厅秘书三局，建议将字表名称改为"通用规范汉字表"。

2011年5月26日　教育部、国家语委向国务院报送字表，字表名称为"通用规范汉字表"。

2011年6月29日　教育部语信司召开《通用规范汉字表》发布宣传工作研讨会，有关专家和负责起草字表宣传文件的起草小组成员参加了会议。会议由田立新副司长主持，李宇明司长讲话。会议研讨了《通用规范汉字表》在新中国文字规范史上的定位问题、新世纪我国文字政策的表述问题及重要宣传稿件的起草。

2011年8月12日　教育部语信司田立新副司长、标准处王丹卉副调研员和字表研制组成员王立军教授到工业和信息化部，与软件服务业司领导和有关信息技术专家交流字表在信息处理领域的贯彻实施问题。

2011年8月17日上午　国务院召开第168次常务会审议《通用规范汉字表》。参会单位有中宣部、新闻办、公安部、国家测绘局以及18个国家语委成员单位。会上教育部部长袁贵仁介绍字表情况，语信司李宇明司长列席会议。会议原则通过字表，认为研制和实施

《通用规范汉字表》，涉及经济社会文化各个领域，与人民群众生产生活学习密切相关。做好这项工作对提升国家通用语言文字的规范化、标准化、信息化水平，促进国家经济社会和文化教育事业发展具有重要意义。要求尽快将字表报送中央。

2011年8月17日下午　　教育部语信司李宇明司长、田立新副司长和标准处王奇处长与教育部新闻办负责同志商谈字表发布、宣传事宜，讨论了字表发布的宣传计划。

2011年8月20日　　教育部、国家语委向中共中央办公厅报送《关于报请审定〈通用规范汉字表〉的请示》。

2011年9月1日　　教育部、国家语委向中共中央办公厅报送《关于〈通用规范汉字表〉研究制定情况的报告》。

2011年9月6日　　教育部语信司组织召开字表配套材料编写协调会，讨论《通用规范汉字字典》《〈通用规范汉字表〉解读》和《〈通用规范汉字表〉50问》编写工作。会议由田立新副司长主持，李宇明司长传达了国务院领导的指示精神，通报了字表进展情况，并对字表配套材料的编写提出要求。

2012年8月5日　　《通用规范汉字表》配套标准"汉字古籍印刷通用字字形标准研制开题会"在北京师范大学召开，教育部语信司田立新副司长出席会议并讲话。该项目对规范汉字字形，推进中国文化传播具有重要的理论与实践价值。

2012年12月4日　　根据中办指示，教育部向国务院报送字表，提出制定发布字表是贯彻落实党的十八大报告"推广和规范使用国家通用语言文字"重要举措。

2013年5月21日　　教育部根据国务院办公厅反馈意见对2012年12月上报国务院文件修改完善,增加了国务院常务会审议后的工作情况说明,再次向国务院报送字表。

2013年5月24日　　教育部语信司田立新副司长、标准处王奇处长、王丹卉调研员到北京师范大学,向字表研制组通报字表报送国务院情况并交流讨论了字表工作。

2013年6月5日　　国务院批准公布《通用规范汉字表》。

2013年8月19日　　国务院印发关于公布《通用规范汉字表》的通知和字表,中国政府网全文登载国务院通知和字表。

2013年8月27日　　教育部召开新闻发布会,介绍《通用规范汉字表》有关情况。教育部新闻发言人续梅主持,语信司司长张浩明、副司长田立新、字表研制组组长王宁、中国社会科学院文史哲学部主任江蓝生、北京语言大学党委书记李宇明出席会议。

2013年8月28日　　字表发布会后,媒体反响积极正面。《光明日报》刊发了教育部副部长、国家语委主任李卫红的署名文章;《人民日报》刊发了评论员文章;《中国教育报》全文刊登了字表并连续发表专家的字表解读文章。

2013年7月—8月　　《通用规范汉字字典》和《〈通用规范汉字表〉解读》由商务印书馆出版发行,《通用规范汉字表》由语文出版社出版发行。

2013年8月28日—9月10日　　新闻发布会后,国家语委语言资源监测与研究有声媒体中心、教育部语用所语言文字舆情研究中心，同时启动舆情监测与研究，并及时提供监测分析报告。语言文字舆情研究中心编发了8期《语言舆情扫描·〈通用规范汉字表〉专辑》。

2013年9月4日　　教育部语信司组织召开贯彻实施《通用规范汉字表》协调会，工业和信息化部、公安部等十部委业务司局的负责同志出席会议。语信司田立新副司长出席会议并讲话。会议就各领域如何贯彻实施字表进行了讨论，协商联合发文，并就发文内容基本达成一致意见。

2013年9月10日　　教育部语信司根据字表协调会意见，起草了联合发文稿，书面征求相关部委业务部门意见。

2013年10月9日　　教育部、国家语委会同工业和信息化部、国家民族事务委员会、公安部、民政部、文化部、国家工商行政管理总局、国家质量监督检验检疫总局、国家新闻出版广电总局、中国科学院、中国社会科学院联合发出《教育部等十二部门关于贯彻实施〈通用规范汉字表〉的通知》，指导社会各领域贯彻实施字表。

2013年10月16日　　北京北大方正电子有限公司召开方正通用规范字库媒体沟通会，教育部语信司田立新副司长出席并讲话。北大方正电子有限公司为配合《通用规范汉字表》的实施，正式对外发布方正通用规范字库及其输入法，并免费提供个人使用，为字表在各领域的顺利施行创造了条件。

2013年10月—11月　　教育部语信司为指导各地做好字表的学习、贯彻和推广工作，举办两期《通用规范汉字表》专题培训班，来自省级和地市级语委办的工作人员、省级教研员、相关省区民语委办的工作人员及语言文字相关学会成员参加了培训班。第一期培训班在南京农业大学举办，约 80 人参加培训。第二期在四川大学举办，约 130 人参加培训。教育部语信司张浩明司长、田立新副司长出席并讲话。其后，各地语委陆续举办字表培训班。